購買者をその気にさせる
イベント・プロデュースの発想

川村治の「半歩先を行く！」

テー・オー・ダブリュー
創業者
川村 治

財界研究所

購買者をその気にさせるイベント・プロデュースの発想
川村治の「半歩先を行く！」

テー・オー・ダブリュー創業者
川村　治

本書刊行に当たって

（『財界』編集部）

「世の中の景気・不景気に関係なく、良い企画があれば仕事はでてきます。だからこれからはますます、知恵を出していくことが求められます」

イベント・プロモーションの企画・運営を手掛ける会社で、この分野の専業会社としては国内では最大手であるテー・オー・ダブリュー創業者で会長の川村治氏の言葉です。

電通、博報堂などの大手の総合広告代理店が圧倒的なシェアを持っている広告関連業界の中にあって、これまで独特の位置を占めてきたのがイベント・プロモーション分野です。その歴史は比較的浅く、同社などが正にその歴史を作ってきた会社であると言っても言い過ぎではありません。

広告業界は現在、大手クライアントの経費削減の流れなどによって厳しい状況が続いています。この影響で四大メディアと言われるＴＶ、ラジオ、新聞、雑誌の各広告媒体も厳しい状況に置かれています。イベント・プロモーション分野はこうした媒体だけに頼らない分、既存のメディアの枠にとらわれず、自由な発想のプロモーションが展開できる強みはあります。しかしそうは言っても、厳しい経済環境の影響を受けないということは決してありません。そうした中にあっても、仕事はやはり発想次第。「良い企画があれば、仕事は必ずでてくる」という力強い前向きな発言が出てくる理由は何でしょうか。それはやはり、創業者・川村氏の起業の原点を探っていくことで、その答えは見つかるのではないかと考えました。

テー・オー・ダブリューは川村氏が慶應義塾大学の学生だった頃、当時、女子大生を使った珍しいイベント「ミス・キャンパス・コンテスト」を企画・運営したことから生まれた会社です。このイベントが当時、注目されスポンサーがついたことで、翌年も開催することができたそうです。こうして生まれた、当時はいわば学生ベンチャーの走り的な存在の会社でした。

しかし、会社はそれ以降ずっと順風満帆だったわけでは決してありません。大きな企画のネタが尽きれば収入は途絶え、創業当初は食うや食わずの毎日、という辛酸もなめたそうです。それでもへこたれなかったのは、川村氏の持ち前の明るさゆえでしょう。そして会社を続け、ここまで大きくできたのは、「盛和塾」を主宰して同じような若手ベンチャー経営者と交流する機会の場を作っていた稲盛和夫・京セラ名誉会長との出会いがあったからです。稲盛氏から直接聞いた「いつか表通りに社屋を構えようと思った」という話が支えとなり、同じ思いで頑張ってきたと川村氏は話します。

二〇〇〇年にはジャスダックに株式を公開、〇八年六月には念願の東証一部上場を果たしました。株式の公開では広告業界最大手である電通の上場よりも先んじたのです。

「プロモーションは一つ一つがオーダーメード」（川村氏）。言ってみれば〝無から有を作る〟仕事です。それは、何もないところから新しい事業分野を切り開いてきた川村氏の歩んだ軌跡にも重なります。

何もないところを切り開いてチャレンジしていく本物のベンチャー精神にこそ、厳しい経営環境を乗り切る秘訣が隠されている——こうした考えから、川村氏に仕事と起業の原点についての叙述をお願いしました。

タイトルの「半歩先を行く！」とは、イベント・プロモーションなどで良い企画を立てるときの心得として川村氏が使っている言葉です。読者の方々にとって、仕事や生活の上でのヒントとなり、得られるものがあれば幸いです。

もくじ

第1章　イベント・プロモーション事業とは

第2章　起業の原点と創業時代

第3章 稲盛和夫さんとの出会い

第4章　変革期の広告業界とイベント・プロモーション

第5章　逆境に立ち向かおう

第1章

イベント・プロモーション事業とは

イベント・プロモーションの位置づけ

広告市場は7兆円程度と言われています。イベント・プロモーション市場は4兆円ぐらいとされています。この広告市場とイベント・プロモーション市場の関係ですが、広告全体の7兆円の枠の中にイベント・プロモーション市場がすっぽり入っているのではなく、オーバー・ラップしている部分がある、という形になります。というのは、広告に含まれないイベントの分野が相当にあるからです。

例えば、当社でも手がけさせていただきましたが、二〇〇九年に横浜市で横浜港開港百五十周年を祝った開港博や「海のエジプト展」などがそうですし、ワールドカップ関連の様々なイベント、国民体育大会（国体）などもそうです。植樹祭や育樹祭といったイベントも最近、多くなりましたし、クリスマス・シーズンを迎えると、街のライトアップなどもその分野に入ります。しかもこうしたイベントの分野はボリュームが大きく、逆に広告と重なるイベント・プロモーションの部分は1兆円ぐらいではないかと言われています。

従って、電通・博報堂などの大手広告代理店が関わらないようなイベント・プロモーションの分野が3兆円もの市場を形成しているということです。

そしてこのイベント・プロモーション分野には国内で約八千社がひしめいているという状況です。

クライアントとなるお客様が、経費の削減を行っている現下の状況では、この分野もたいへん厳しい状況になっています。八千社の数はどんどん減っている状況です。

どうしてそうなるか。4兆円で八千社ですから、一社当たり5億円ぐらいの売上高ということになります。従業員はせいぜい二十人前後。クライアントとなるお客様は一社か二社というところが多いはずです。お客様には民間企業もあれば地方公共団体などもありますが、いろいろな業種のお客様を広く浅く手がけるという業者は非常に少ないのがこの業界の特徴です。

一社か二社の特定業種のお客様から仕事をもらっているので、そこの仕事が減ると途端に売り上げが減り、会社の経営はおかしくなります。そうなると金融機関としては借り換えに応じられなかったり、さらには「貸し剥がし」ではないですが、安定資金の供給を引き揚げようとすることもある程度は出てこざるを得ないでしょう。

自分が知っているこの分野の小さな会社でも、売り上げが四割、五割落ちたというところもあります。お客様となるクライアントの数が、多くても五社ぐらいしかないような会社で四割、五割も売り上げが落ちれば、当然、やっていくことはできません。

二〇〇九年は年末にかけて、当社に対して助けを求めて来る会社も増えました。こうした零細のイベント・プロモーション会社の中には、こと制作したり、モノを作ったりすることに関しては、良い腕を持っているところも多いです。ですから仕事がうまくいかなくて会社が倒産するわけではないので、今の状況は業界にとって損失が大きいと思います。

そこで、例えば、当社がこれらの会社に対して、恒常的な外注先として資本を入れたり、系列に入れたり、また当社の子会社と合併させたりするようなこともこれから出てくるかも知れません。

企画をどう提案するか

ある大手の自動車メーカーでは、これまで全国各地で開催してきた試乗会のイベントを、二〇一〇年もまた開催することになりました。この試乗会はこれまでに三年間で合計十回ぐらいを当社がその仕事を引き受けさせていただいております。景気が上向いてきたとはいえ、まだまだ日本経済には先行き不透明な部分はたくさんありますので、これはたいへん有り難いことだと思っています。

この大手メーカーがこうした経済環境下で、このイベントの提案に応えてくれた理由は何か。

それは、私が尊敬する稲盛和夫さん（京セラ名誉会長）が良く言われる「利他の心」という言葉が大事なポイントになると思います。

何かを提案するときには、相手が得をすることを必ず考える。この利他の心は、どんな商売にでも共通して言えることだと思います。

今日は、たまたま朝の九時から午後一時まで、役員会がありました。各本部から様々な報告があがってきましたが、ひとつ気になったのは、若い役員の考えが浅いなと感じたことです。要するに、「利他の心」がないのです。

例えば、タバコ・メーカーの担当になったとします。自然の流れでいけば、ストレートにはもうタバコそのもののプロモーションはできません。タバコをやめようという流れですから。ご存じのように、テレビでも、新聞でも、もうタバコの広告は掲載されていません。では、タバコに関しては、何が時代の主流か。今は「分煙」ということになるでしょう。分煙によって、副流煙（フィルターを通さず、タバコの先から上がる煙）による害を人に及ぼさないようにする。

ではその観点で、どういうプロモーションができるか。そういうところに落とし込んでいく必要があります。要するに、従来のままで当たり前に提案していてはいけないということです。

また、民主党政権になって事業仕分けが行われました。事業仕分けで、一旦だめになった予算でも復活したものがずいぶんあります。その復活の中で一番のポイントは何か。

今の政権は、地方に力を持たせようとしています。では、例えば地方に国土交通省からイベント予算が付いているのかどうか、これを実際に役所のイベント担当者に問い質したところ、「わからない」というのです。

こんなことでは、お客様のことを考え、下調べをし、それで提案を申し上げるということは出来ません。

例えば、中国で凄く人気になっている商品を作っている日本のメーカーがあります。その場合、そのお客様のところへ行って「中国でこんなことをしてみたらどうでしょうか」といった話をしてみるだけでも、たいへん良い反応が返ってきます。

また、政府は「ビジット・ジャパン」ということで外国から日本への観光客誘致のための予算を付けています。では、その関連ではどこが狙い目か。韓国から日本に来る人はどれぐらい増えているか、台湾からはどれぐらい増えているか。さらに台湾のどの地区から来る人が多いのか。そこまで下調べをして、初めて、どこそこの地区で「日本へいらっしゃいキャンペーン」をやりましょう、という企画の立案に繋がるのです。

単にザックリと、台湾でいこう、とか、中国でやろう、というだけではだめなのです。中国ならばどの都市か、どこの航空会社か。上海の人はどういうルートを通り、どこに来る人が多いのか。そうやって細かく分析していく。

そこまで調べてやっと、どこの誰に対して、どういうプロモーションを行い、それをどこにご提案申し上げればいいのかが分かってきます。これはお客様が民間でも自治体・公共団体でも全く同じです。ただ何となく、パッと思いつくのではなく、やはり理詰めで考えていくことが大事なのです。

「ビール・フェスタ」

四年前からゴールデンウィークのシーズン、東京・六本木の「六本木ヒルズ」でわれわれが手掛けているイベントがあります。大手のビール・メーカー全てがスポンサーとなる「ビール・フェスタ」というものです。このイベントを企画した最初の発想は、若い人がビールを飲まなくなったことがきっかけでした。

なぜビールを飲む人が減ってきたのか。

それは、ほかの飲料の種類が多くなりすぎたからでしょう。

われわれの子どもの頃にはこんなにたくさん、アルコール飲料の種類はありませんでした。

ビール一つとっても、昔はこの会社のビールはこの銘柄と、一社に一種類だけでした。今は何々味とか、何とか絞りとか、一つのメーカーが何種類も銘柄を持っています。しかも発泡酒もあれば、第三のビールもあります。

それに加えて、ほかのお酒の数も多くなりました。焼酎もあれば洋酒もあります。若い人は特に、何とかサワーといったものを好んで飲んでいます。

会社で若い人に付き合って居酒屋へ行って飲んだりしますと、若い人は最初から、バナナ・サワーなどというけったいなものを飲んだりしています。だから、ビールの出る幕は最初からありません。ビール人口が減っているところに、若い人のビール離れが後押ししているわけです。

だからこのイベントでは、ビールというのは、飲むことがどんなに楽しいか、ということを体感してもらうために催しているものです。

ビールはどちらかというと、じっくり飲むものではありません。

みんなでワイワイガヤガヤやりながらガッと飲むのが美味しいのです。

それならば、オール・ジャパンの大手ビール・メーカーさんに集まってもらい、「ビールってこんなに楽しいものだったのか」と、お客様に気付いてもらう、お客様にもっとビールを買ってもらうようにさせる面白いイベントにしよう、ということで始めました。いまは飲むものの種類が多すぎるので、ビールに到達する前に出来上がってしまう。ではビールを飲んで、焼き鳥を食べながら、騒いで盛り上がろう、というのがこのイベントの狙いです。

このイベントを催したところ、イベント会場では、一日一万五千杯もビールが売れました。

社会の変化の影響

ビール・フェスタには年々、お客様が多くなっています。正しくは、年々、売れる杯数が増えているのです。

売れる杯数が多い、といっても、イベント費用を超えて売り上げが出るというものではありませんが、それでも一日一万五千杯も売れると、各大手ビール会社の社長も顔がほころびます。しかも飲みに来る人が、ビール離れが進んでいると言われる若い二十代、三十代が中心なので、なおさら嬉しいでしょう。

ある飲料メーカーのイベント会場

フェスタと言っても、アルコール関係ですから、家族での来場はありませんが、そのかわり若いカップルは多く来場します。

若い人がビールを飲まなくなったのは、集団でワイワイやるような文化がなくなってきたからなのだと思います。上司から飲みに誘われても最近は、面倒くさいと思う人が多くなっています。

昔は喜んで「ありがとうございます」と言って上司についていく乗りがあったものです。話はややずれますが、上司も上司で、昔は会社の経費が出なくても無理して自腹を切って連れていったものです。

昔は上司が「一件目は会社から出ているが、二件目からは俺が出しているんだ」とか言って、部下も大した額ではないことは知っていて、一緒になって吐くぐらい飲むような世界がありました。そういう飲み会の最初の入口は必ずビールでした。

まさにビールが、そのためのツールだったのです。だからそういうコミュニケーションのツールが失われ、集団で何かをやる、ということも減ってきた気がします。

大げさに言えば、社会的な連帯感がだんだん稀薄になってきたのではないかと思います。そういう社会的な背景が、ビールの需要にも影響を与えているわけです。

国内の自動車販売でも同じことが言えると思います。

今の若い人がクルマを欲しがらなくなったのは、一言で言えば生活様式の多様化が原因にありますが、要するに、社会の変化の影響が大きい、ということだと思います。

この社会の変化によって失われたものというのは、結構多いように思われます。

だからそれに対しては、人と人との絆を取り戻す、些細な取り組みですが、みんなで一緒に楽しもう、ということをもう一度やっていく、という発想が出て来ます。

そこまで発想の大風呂敷を広げるのならば、大手のビール会社にはみんな集まってもらい、イベントを仕掛ける。大手各社は呉越同舟となり、みんなでお金を出し合って、特に開会式には大手各社の社長に六本木の会場まで来て頂きテープカットまでして頂く、というイベントの企画に結びつきました。

ビールは皆一律で一杯1000円としましたので、大手ビール会社は各社とも均等の立場です。そこでお客様がどのビールを選ぶかは自由です。合計で一日一万五千杯が売れたということがわかれば、例えばうちは三千杯しか売れなかった、ということもわかったりして、嬉しいような苦しいこともあります。

ビールとはどういうものか?ということを突き詰めて考えていくと、必然的にそういう形のイベントになりました。

それに対して、「何だ、ビアガーデンと同じではないか」と言ってしまえば、それはそれで終わってしまいます。それを突き詰めて考え、理詰めで考えて、イベントの企画を提案したら、結局、ご採用いただくことができました。

しかもそれが四年間も続き、毎年、イベント会場での売り上げも増えていっています。

ものはどう売れるか?

このイベントをやってわれわれが感じたことは、「これはいける」というメーカー各社の手応えです。

当然、最初はおそるおそるだったと思います。ビールを無料で配るわけではないからです。大きな紙コップとはいえ、果たして千円も出してビールを買ってくれるのか、という心配がまずありました。初年度の二〇〇五年のときは、本当にみんな会場に来てくれるだろうかと、主催者側の皆さんはどきどきだったと思います。間に入った大手の広告代理店の社長もどきどきしながら会場に来られたと思います。

ところが幸い、オープン前からステージの前では多くの人がビールを飲んで賑わいました。

現場の会場には各メーカーの営業担当役員もお見えになりましたから、やり方次第によってはビールはまだ売れるぞ、という感じをつかめたのではないかと思います。

これは売れないものに対して、われわれのイベントが問題解決のヒントをご提供申し上げられる、とてもよい見本だと思います。

どう相手の問題解決ができるのか。それは、前にも触れたように、相手の気持ちになって考えればできることです。われわれはアウトプットすることが商売ですが、相手の気持ちになってそれをすれば、非常にそのアウトプットが喜ばれるという立場にいます。

はっきりしているのは、よく言われるように、自分の利が先で、金儲けのことばかりを言っている人は、結局、儲からないと思います。やはり相手に儲けさせて、自分も儲かるということでなくてはいけません。

仕事を面白がる

もちろん、そんなことを創業の頃から考えてやっていたわけではありありません。

私が最初に大学時代に手がけて成功し、起業のきっかけになった「ミス・キャンパス・コンテスト」というイベントに付いたスポンサーは、ある食品メーカーでした。

このコンテストを始めた昭和五十、五十一年には、大学生の層にもマーケティングでものを売ろうという考えが出てきたときです。それまでは、どの層に向けて、というのではなく、何となく広く売れればいい、という考え方でした。

ある層をターゲットに広告を打つ、というやり方が出始めたのが昭和四十六、七年からです。五十年頃には大学生に焦点が当たりました。

大学生は一人暮らしが多いので、朝食は簡単で栄養価が高いものがいい。そこで最初はシリアル・メーカーが目を付けました。

五十年にはシリアル・メーカー、五十一年のときはレトルト食品メーカーに協賛をいただきました。そのほか、学生などの若い人向けに新しい銘柄を出した焼酎メーカーにも協賛をいただきました。

その頃は正直に言って、ただ、楽しければいい、という発想でしたから、スポンサーがどんなところを狙っていたかは別に意識はしていませんでした。

ただ自分としては、当時はミス・キャンパス・コンテストで女の子とたくさん知り合いになれることが楽しいだけでした。

当時、優勝賞金が100万円とハワイ旅行です。初任給10万円の時代でしたから、たくさんの応募が来ました。

自分も全国百校ぐらいの四年制大学を回りました。

しかし、だんだんお金はなくなり、スポンサーの獲得が必要になってきました。たまたま一回目のスポンサーはシリアル・メーカーでしたから、何か口に入れるものならうまくいくのではないか、と思って動きましたが、特にマーケティングを意識していたのではありません。

若いときは特に、仕事を面白がらなくてはいけません。

仕事が面白かったから、一日ラーメン半分でも苦にならなかったわけです。自分で進んで面白がって仕事をするのですから。

東京・神保町に事務所があったときは、当時、新宿区河田町にあって徒歩三、四十分はかかるフジテレビの本社にまで毎日歩いて行き、社員食堂で昼飯を食べていました。

フジテレビに行くと知り合いがたくさんいるので、最初のスポンサーもそこで紹介してもらえました。学年で言うと五、六級上の先輩たちが、「ならば次は焼酎メーカーに行ってみたら」と紹介してくれました。

みんなが面白がって仕事をしており、ミス・キャンパス・コンテストの九十分の特番も、面白がって作ってくれたのです。

もしその仕事が強制だったら、とてもではないけれどもやっていられない、ということになったでしょう。だから最初は楽しくない仕事はやりませんでした。言ってみれば採算を度外視して「楽しければそれでいい」という考えが主流でした。

しかしいつまでも面白がるで仕事だけで会社を続けられるものではありません。自分は四十歳ぐらいまで、面白がって仕事をしてきました。しかし、バブルが弾け、一九九〇年を少し過ぎたぐらいの頃から、こんなことを続けていても将来はない、と思うようになりました。

それでもう少しこの事業について、仕事について、真剣に考えるようになったのです。

最近の当社の若手社員が提案して実現したイベント・プロモーションの企画の中で、特に感心したものが一つあります。

やはり自動車メーカーの企画ですが、高級なＲＶの新車の試乗会で、地下の駐車場を使ったものです。

もともとその駐車場は都市博用に江東区・有明に作られたものでしたが、使われずに終わったところです。その新車はきらびやかでかつ黒色をイメージしたものだったので、暗い中でレーザー光線が飛び交うような鋭い感じのイベントにしたいということになり、そういうライティングは外ではできませんので駐車場を使うことにしたのです。

試乗会は発表会と違って普通は外でやるものです。ホテルなどではできません。そのまま試乗してもらわなくてはいけないからです。このイベントでは、地下駐車場で一〇〇メートルぐらい走ってもらってから外に出て普通の道を三、四キロ走ってもらうように考えました。まずそういう場所を見つけてきたことに感心しましたし、要するに展示会と試乗会がセットになったようなイベントで、こういう発想は当社でも初めてでした。

こういう優れたアイデアを具体化するには、どういう商売でも同じですが、いろいろな人の知識があって、これとこれを組み合わせるという作業が大事です。

いろいろなものがあっても、それがばらばらに動いているようではだめです。ふと思いついたら順列・組合せで組み立てる。そのイベントを担当した三十二歳のリーダーも、都内にそんな閉鎖された地下駐車場があることを知っていて、ＲＶ車のことも理解していても、それぞれが結びつかなかったら実現しません。やはり感度の良さが必要だし、実際に結びつける能力も必要です。

そしてある意味で楽天的なことも必要です。というのも、動き出すまではどうなるか予測がつかないからです。

実際、このイベントのときには、その駐車場を貸す、貸さないという問題も浮上して、自動車メーカーの人からたいへん怒られました。副社長にまで話が上がっていたのに、今さら場所が確保できないでは済まされないぞ、と。代理店を通しての仕事でしたが、その代理店と取引停止するという話までいきましたが、結局その場所を借りられました。

億単位のお金を一つの車種のイベントに使うのですから、その意味でも画期的なものでした。

どんな仕事でも同じですが、完成度を高くしようと思ったら悶え苦しむものです。それで途中で止めてしまう人もいます。企画書のアイデアでも、この辺でいいやとなってしまう。

私がよく言うのは、まず何でもいいから二十個アイデアを出せ、ということです。二十個出すと、もう後が出なくなる。二十一個目からは相当、頭を捻らないと出てこない。しかし、そうなると二十一個目が出たときは相当、確度が高い、良いアイデアになります。少しずつお金になりそうなものが出てきます。これは本当にそうだと思います。

これは私も、今の社長も、当社の幹部も全員が共有している持論になっています。だから楽をして儲けようなどという考えは甘いと思います。

焼き鳥フェアは失敗に

余談ですが、フジサンケイビジネスアイの縣良二社長はミス・キャンパス・コンテストのときに四級先輩だった方です。その縣さんに紹介してもらい、大手町のサンケイ前広場で「全国焼き鳥フェア」というイベントを行ったことがあります。六本木ヒルズで「ビール・フェスタ」が成功したので、二匹目のドジョウを狙ったものでしたが、これは失敗しました。

なぜかというと、周りから苦情が出てしまったからです。

ゴミが大量に出ることは想定して、「人間ゴミ箱」と称してアルバイトの人たちにゴミを持って歩かせたのですが、飲んだ勢いで想定以上にポイ捨てをする人が出たのです。

周りは大手企業ばかりで、警察の監視も厳しいところですから、当然、警察には事前に届け出をして道路使用許可も取っていましたが、まあいいじゃないかと言って大声を出したり、食べながら歩く人がいたり、タバコを吸う人も出てきてしまいました。昼間は品が良いのに、酒が入ってしまうとつい、そうなってしまうのです。

五千人規模を想定したイベントで、宮崎の有名な地鶏屋さんを始め全国から出店があり、都知事も来場されるなどの大盛況でしたが、周辺からは「産経新聞は何を許可したのか」と抗議が来てしまいました。

年間二千五百本

広告業の中でもプロモーション分野は、主要四媒体（新聞、雑誌、テレビ、ラジオ）以外の何でも使って企業のPRを行う業態です。

当社の強みは、総社員数の約二割近くに達する「企画」の人間です。

当社は上場した二〇〇〇年に「TOWプランナーズスクール」という企画の学校を作りました。毎年2000万円ぐらいの予算で、大学三、四年生と三十歳までの社会人を対象に、半年間、プランの仕方などを勉強してもらうためのものです。半ば、当社のリクルートを兼ねており、当社に就職・転職したいと考えている人には面接を受けてもらい、実際に当社に就職してもらっています。

そういう人がすでに二十人以上、会社にいます。彼らは今、年間二千五百本ぐらいの企画を書いています。

二十人強で年間二千五百本なので、一人でほぼ年間百本以上を企画立案している計算です。この数字は、二〇〇九年六月で締めた時のものです。

多品種少量生産の時代と言われますが、消費者側から言うと、要は好みが多様化しているのです。だから相も変わらず十五秒CMをテレビで流していても効果は上がらないと思います。

成功した試乗会

二年ほど前、ある大手自動車メーカーが若者のクルマ離れに対して、何とか国内販売を活性化させ、ひいては日本全体を活性化させようと始めたイベントは、とても面白いと思いました。

私が小さい頃はクルマは憧れの対象でした。クルマと女性とのデートはイコールの関係で、格好いい代表のようなものがありました。だから何とか免許を取ってクルマを買わなくてはいけなかった。

ところがいま、二十代から三十代前半の若い人のクルマ離れが増えています。国内の自動車販売が落ちている原因の一つでもあります。自動車産業に支えられた日本経済全体が沈下している原因の一つにもなっているでしょう。そこで三年前から、何かいい案を出してくれと言われていた企画を実現したものでした。

二年前に当社が出した企画は、ありきたりでしたが、もういちど「クルマって面白いね」をコンセプトに、全国各地で大試乗会をやる、というものでした。この試乗会では、そのメーカーの全車種が乗れるという大規模なものです。

会場には幼稚園から小・中学生ぐらいのお子さんも十分、遊べるいろいろな施設を用意して、若いカップルが家族みんなで会場に来てもらえるイベントを催そうと提案しました、

自動車メーカーのトップに「それは面白い」と気に入られ、最初に東京で開催したのを皮切りに、一年間の間に札幌、仙台、金沢など、全国各地で開催することができました。こうして試乗会はたいへん好評裏に開催することができました。

驚いたことは、この自動車メーカーはこれまで、試乗会と名の付くものに3000万円以上の予算を付けたことがなかったことです、ところがこの試乗会では一カ所当たり3億円ぐらいの予算を掛けていただいたのです。

この成功は何より、この自動車メーカーの決断にありますが、それに加えてやはり、企画一つで予算はどうにでもなるのだということがわかると思います。

イベントの内容も画期的なものだったと思います。会場では家族連れが集まり、レジャーランドに来る気分で、車の乗り方などの講習も受けられ、クルマがあると生活が面白くなる、という気にさせられます。だから、ここに来るとクルマが交通手段から、一つの遊びの道具、という認識に変わるわけです。

リーマン・ショック後の金融危機の状況下では、さすがに中止になるだろうと覚悟をしていましたが、このイベントだけは続けて開催されました。

企業業績の下方修正が続出する中であったのに、こういうものにはきちんと予算を付けていただけたわけです。だからやっぱり、繰り返しになりますが、われわれは企画いかんなのだと思います。

「設計」を作り「施工」が付く

自分がこの商売が今後も永続的に発展すると思ったのは、この分野の市場規模が4兆円もあって、しかもまだ未成熟な分野だと思うからです。

その意を強くしたのは一九九三、四年の頃でした。

広告代理店の広告収入をATL（アバヴ・ザ・ライン）といい、広告以外のところをBTL（ビロー・ザ・ライン）、と言います。

日本ではBTLを広告代理店が元請けとなってわれわれのような会社に外注しています。この業者が全国に約八千社あり、市場が4兆円です。年間売上高が30億円を超えた会社はこの業界にはありませんでした。その原因は、間に入っている広告代理店が分散発注をしてきたことで、ある意味でそうした発注機能が優れていたからだと思います。

例えば、具体的にクライアントからいい仕事をもらうためにどうしたらいいか。そのためにはやはり、BTLのところでいい企画を出すしかありません。ところが当時、企画提案をする専門の人間がいる会社は、この八千社の中には一社もありませんでした。

当社が初めて、企画専門のチームを作ったのが九四年でした。総社員数がわずか三十人の中で、四人の企画チームを作りました。これは画期的なことだったと思います。

例えば、建設の業界では、「設計」と「施工」は別の組織になっています。仕事を出す方、発注者も、設計と施工は別々に発注します。

これに対して、われわれの業種が得だと思うのは、われわれの仕事では、いわば設計と施工が分離されて発注される場合がほとんどないことです。つまり、こういうイベントを行いましょう、こういうプロモーションをやりましょう、という設計のところが取れれば、あとの施工も付いてきます。費用で言うと、だいたい一対三十ぐらいの割合で、施工の方がだんぜん大きいのです。場合によっては一対百、百倍以上も施工の方が大きいことがあります。

建築でもそうですが、1億円の設計料で50億円のビルを造ることもあります。だから、われわれとしては、最初の企画の部分に力を入れて、その仕事が取れるようになれば、果実は相当大きい、ということです。

直接発注する米国

イベント・プロモーション業の発祥はどこの国か。

ものを売る、そのために宣伝をする、ということに関しては、日本にも百年以上の歴史があります。電通、博報堂の歴史が約百年とされるので、当然、百年前から存在しているわけです。ただプロモーションという考え方、ものを良く見せて人に買わせる、というやり方は、やはり米国が発祥のようです。

米国の広告会社は、一九九〇年ぐらいから持ち株会社制が徹底してきています。一社ではなくグループ全体で売り上げが３兆、４兆円という会社は米国にもあります。グループ会社はそれぞれメディアを買うメディア・バイイングの会社、メディアを選定するメディア・セレクティングの会社、プロモーションを行う会社、映像を作る制作会社などがあって、それぞれ専門に分化していて、それが持株会社の下にぶら下がっています。

クライアントになる会社はそれぞれ、一業種につき一社と決めています。そうしないと、ライバル会社同士の宣伝やプロモーションを同時に手がけてしまうことになるからです。

だから米国では、例えば大手の洗剤メーカーのAを担当すれば当然、競合会社の仕事はしないし、食品大手のB社を担当すれば、ほかの食品メーカーの仕事はしません。その代わり、持株会社にぶら下がっているから、競合となるクライアントを担当しようと思えば、また別の会社を持株会社の下に作ればいいわけです。

これに対して日本の広告代理店はいろいろな仕事を一社でこなします。一業種で何社も担当するというのも日本の広告代理店の特徴です。日本の大手企業はとにかく「総合」というものが得意です。

日本の建設会社、ゼネコンは、何でも造ります。建物も造れば、ダムも造る、水道工事も行うし、設計まで行ってしまう。商社も総合商社は鉄も売れば、戦闘機も売る、農業もやるし、石油プラントも、何でもやります。

広告代理店も、印刷物からプロモーションまで、何でもやります。クライアントから名刺を作ってくれと頼まれればそれも作ります。これは日本独特の仕事の仕方です。

当社が提携している海外の会社、例えば米国ロサンゼルスにあるプロモーション会社は、もう六年ぐらいの関係になりますが、ミーティングをやるといつも質問責めにあいます。日本は不思議な国で、米国ではとても考えられないと言われます。

米国ではプロモーションの仕事は、クライアントとは直接、取り引きをしているからです。「直接お客さんと仕事をしなければ、お客さんのニーズはわからないだろう」と言われます。広告代理店が間が入っている理由は何かと聞かれます。

こちらはプロモーション会社がだらしないからではないか、としか答えようがありません。

ただ米国には営業を専門にやる営業代行の会社はありますから、プロモーション会社もそこから仕事を紹介してもらったりはしています。

しかし営業代行会社は明示されたフィーをただもらって仕事をしているだけなので、クライアントと企画立案する会社や制作会社との間に入って介在する日本の広告代理店とは全く性格が異なるものです。米国ではクライアントがたとえばプロモーションの仕事を依頼するのであれば、その依頼先は直接、プロモーション会社となります。

プロモーションの仕事は企業が直接、依頼をする。だからそういうノウハウが蓄積されるのはクライアントとなる企業側です。こういう広告の仕事ならばA社に、こういうプロモーションならB社に、こういう仕事はわからないからA社とB社両方からアイデアをもらおう、といったノウハウです。

従って日本ではこうしたノウハウは企業側に全くありません。一番ノウハウが蓄積されているところが広告代理店、ということになります。

アジア各国で提携

アジアの時代と言われますが、当社もアジア各国でイベント・プロモーションの専門会社と提携をしています。中国の上海と北京、それにシンガポールです。

日本のお客様で、上海や北京でプロモーションを行いたいというときに、そうした会社を使っています。ただ、今は、日本のお客様は現地法人が現地で仕事を発注することが多くなっています。

特に最近は中国の現地法人には現地の人を採用することが多くなっているので、現

電機メーカーのイベント会場

地法人での仕事の発注が増えていることがあります。やはり中国人は中国人同士のほうが仕事がうまくいく、ということが大きいようです。

逆に海外から日本へ仕事の依頼が来るケースでは、韓国からは今でもけっこうあります。ある韓国の大手電機メーカーからは携帯電話の仕事を受けて、実際に日本でのプロモーションをやらせていただいております。韓国の自動車メーカーからも二〇〇五、六年頃にはずいぶん、プロモーションや展示会の仕事をやらせていただきました。これはワールドカップで盛り上がっていた頃でしたから、そのときには日本市場の開拓にも力が入っていました。

ワールドカップの関連では当社はずいぶん、いろいろな仕事を韓国の企業からいただきました。

当社はまた、二〇〇三年には、ユニワンという韓国にある二百人ぐらいのプロモーション会社に一五％出資をしました。

この会社とは非常に親しくさせてもらっており、仕事上の交流も頻繁に行われています。たとえば、韓国企業のお客様が日本で展示ショーを開いたりセールスマンのコンベンションを行ったりするときは、ユニワンが元請けとなって当社が仕事を受けたり、逆に日本企業が韓国に行く場合は、ユニワンに仕事をしてもらったりしています。

家電を中心に韓国の大手企業は最近、特に日本市場の開拓に力を入れています。これまで韓国の電機製品は日本ではなかなか売れないジンクスがありましたが、携帯電話などではかなり日本でも力をつけだしています。

ユニワンとは約七年の関係ですが、彼らは非常に優秀だと思います。事業に積極的で、社員同士の団結もとても強いと感じます。韓国の新興株式市場に上場を目指しているから、これからが楽しみな会社です。

お祭り好き

年末が近づくと、日本の街がイルミネーションだらけになります。

実はこれもイベント・プロモーション会社に仕事が発注されているものです。

米国では十一月二十三日がサンクスギビングデーで、その後にクリスマスのイルミネーションが始まります。日本はもう最近では十一月初め頃からクリスマス・ムードでイルミネーションが飾られます。

つくづく日本人はイベント好き、お祭り好きなのだと思います。

東京・原宿のイルミネーションも二〇〇九年には、十何年ぶりに復活しました。当時は、限られたところでしかイルミネーションが見られなかったので、車が渋滞したり、来る人がゴミを出すなどが問題となって中止されていたのです。今では都内いたるところでイルミネーションが見られます。

当社の周辺（東京・虎ノ門地区）でも少し気の利いたオフィスビルなら、シーズン中は必ずツリーが飾ってあります。こうしたツリーを作ってビルに設置するのでも何十万円も費用が掛かります。少し大きくて立派なものになれば億円単位のものも珍しくありません。

それが終わると今度は日本固有のお正月の飾りです。いま中国人もたくさん日本に来ていますから、そのうち日本でも二月十三日の旧正月を祝うようになるかもしれません。

世の中、不景気だ不景気だと言われますが、こういうお祭りのときは不思議と不景気はどこ吹く風で、モノもよく売れます。

お祭り好きの日本という、幸いにもわれわれには商売のチャンスを与えてくれる、こうしたいい風土、国民性の土壌を持っているのです。われわれがいいプロモーションをやれば、それを求めてくれる国民性の土壌、「それおもしろいね」と乗ってくれる人がいるのですから、われわれもそれに応えて、一ひねり二ひねりしたアイデアを出していくことが大事だと思います。

第2章

起業の原点と創業時代

高校応援団

私は一九五二年生に群馬県の桐生市で生まれ、地元の学校に通い、桐生高校を卒業してから慶應義塾大学の経済学部に進学しました。

桐生高校は野球が強いことでは当時から有名でした。

私は桐生高校では応援部に所属していました。野球が強い上に応援部ですから、いわゆるバンカラ学生だったわけです。

といっても、当時の桐生高校応援部は、留年した学生の溜まり場のようなところでした。留年する学生はだいたい、不良で、応援部には高校四年目という学生が当時、五人もいました。だから三年生になっても、決して大きい顔はできなかったのです。

桐生高校は進学校でしたから、たとえば生徒が三百五十人いれば三百四十人は大学へ進学していました。残り十人ぐらいが高校を出て社会人になるか、途中で退学してしまいます。

自分は桐生高三年の初めのときに受けた試験で三百五十人中、三百三、四十番というひどい成績でした。そのため、それ以後、学校の試験は受けませんでした。何を始めたかというと、学校には行かず、受験勉強にだけ専念するようになったのです。

一転自宅に缶詰

実家は、桐生で糸屋を経営していました。機織業者に糸を卸す仕事です。東南アジアなどにも卸していました。たとえば国内で絹糸などを養蚕地から直接買い付けてきて、機織り業者に小分けして卸すという仕事です。これを撚糸商と言います。それ以外にも、「川村」の屋号で商品相場の取引も行っていました。いわゆる商品先物です。商品相場の取引では、決済のときに実際に商品を受け取る「現引」も行います。現引したものも当然、機織業者に卸します。

高校三年の初めの成績が三百五十人中、三百三、四十番というひどいものだったので、父親と祖父から「お前は勉強ができないから、卒業したら配達のトラックの運転手をやれ」と言われました。

トラックの運転手として桐生にずっといるのは嫌だ、という考えが高校生だった自分の頭の中にもたげていました。

しかし応援部にいると、やれビリヤードに行こう、今日はマージャンをやろう、というとんでもない先輩たちから誘われます。

このままでは進学はとても無理。桐生からは出られずに一生が終わってしまうのか、と思うようになり、頭を五厘刈りにして、応援部を辞め、家で缶詰になって猛勉強をしよう、と決心しました。

父親を説得し、担任の先生に一緒に言いに行って欲しいと頼み、一緒に相談に行ってもらいました。

父親は「おまえが言うから来ているだけだ」といったふうで、本当に勉強するとは全く信用していないようでした。

担任の先生からは、学校の試験は受けなくてもいいから、模試を月に一回受けるようにと言われました。模試を受けていれば、本当に勉強しているかどうかがわかるからです。模試の成績が上がっていれば、出席は何とかしてあげようということになりました。

いま考えると、何とも大様な先生だったと思います。

高校三年のゴールデンウィークが終わると、ほとんど学校に行かなくなりました。

「東大へ行く」と豪語

自宅では、中学二年の教科書から勉強をし直しました。

ところで、私の兄は、桐生高校の二級上で、自分が自宅で猛勉強を始めたときには既に、慶應の商学部に入っていました。

田舎の家業の跡継ぎですから、周囲からは期待をされていました。一方、自分は次男で勉強もできませんでしたから、それだけに「兄よりも良い学校に行かなくていけない」と思って、最初は国立大学を目指しました。

といってもさすがに東京大学は無理だろうと思い、初めは京都大学を目指していました。とは言っても、中学一年の勉強もろくに出来ないような状態なのだから、誰も相手にはしません。それでも、寝て、起きて、ご飯を食べる以外は一日十六、七時間、ずっと勉強をし続けていました。頭が五厘刈りなのでバリカンを床屋さんに売ってもらい、伸びてくると自分で刈っていました。

高校三年の夏頃になると、受験勉強を本格的に始めました。ウイークデーはずっと勉強のために缶詰状態です。土日は必ずどこかに模擬試験を受けに行っていっていました。群馬県の模擬試験は県内の学校のどこかでやっていました。九月頃には、東京の駿台予備校にも模擬模試を受けに行きました。秋口の十一月ぐらいには、群馬県の模試で上位七番に入ることができました。しかしそれはどうやらまぐれで、結局、模試の結果、受験することにしたのは、神戸大学の経済学部でした。

親は模試の結果を見ているので、成績がだんだん良くなっているのはわかっていましたが、「お前は二校しか受けるな」と言われていました。そのため、私立大学を受ける受験代は一校分だけしか貰えませんでした。

私立の文系大学で当時、兄が通っていた慶應の商学部よりも難関だったところは、早稲田の政経か、慶應の経済しかありませんでした。

父が早稲田の理工を出ているので、同じ大学は嫌だと思っていました。それで消去法で、慶應の経済を選んで受けたのです。

結局、国立の神戸大学は落ちてしまいました。

慶應の経済は当時、八百人枠でしたが、実際は四千人ぐらい合格者を出します。入学辞退者に備えて、一次補欠、二次補欠、三次補欠ぐらいまで補欠を取るからです。

合格発表の日、自分は当然、補欠だと思い、三次補欠の掲示板から順に見に行きました。しかし三次補欠にも、二次補欠にも、一次補欠にも載っていません。これは落ちたな、と思いながら、「試しに正規合格も見てみよう」と行ってみると、載っていました。

一年足らずの勉強で慶應の経済に、補欠ではなく合格できるのなら、勉強を続ければ東大も受かる、と妙な自信が沸いてきました。入学金は即日払う必要があり、家に電話をすると、現金為替か何かでお金をすぐ送るから、という話でしたが、私は「入学金はいらない。一旦家に帰って、親父とおふくろに話がある」と答えました。「浪人して東大を受けたい」と私が話し始めると、父はものすごく怒り、母親は大泣きしてしまいました。母は「まぐれで入ったのだから、ここにいるとまた悪い仲間に捕まるし、お願いだから入学してくれ」と言います。それで慶応に入ることにしました。

当時、桐生高校から現役で慶應経済に入学したのは自分一人だけでした。回りはみんな、びっくりです。一番驚いていたのは応援部の連中でした。何であいつが、と。

応援部から大学に行くこと自体が珍しかったのです。

受験が終わった年の夏に実家に帰ると、「勉強の仕方を教えてくれ」と言って家に来る後輩が随分、多くなりました。

私の兄は周囲から期待され、ずっと塾に通っていましたし、姉も塾に行ったり、家庭教師がついたりしていました。私は塾通いが嫌いで、一切そういう勉強はやっていませんでした。

しかし親の世話にならずに、独学で勉強をして受験に合格し、親を見返してやりたい、という思いが、その頃からあったのだと思います。

家で缶詰になって勉強をするには、夜、部屋が暗いと勉強がしづらいので「電気スタンドだけは買ってくれ」と頼んで買ってもらったことを今でもよく覚えています。

父は大正生まれの人間なので、慶應の経済というと、すぐに「理財か」と言います。「たいしたもんだ」と急に見る目が変わるのです。

会社をやっていてよく聞かれることの一つに、「やればできる」と思った最初のことは何かというものがあります。それに対しては、やはり、私はこの一年弱の受験勉強での体験だと答えています。

ただ、問題は、この受験勉強の体験には持続性がないことです。母が言った通り、浪人していたらたぶん、次は慶應も受からなかったのではないかと思います。私は同じことを続けてやることがとても苦手なのです。母はそういう私の性格を良く知っていたのでしょう。だから浪人をさせずに大学に行かせてもらったことはとても有り難いことだったと今は思っています。

慶應ヨット部

しかし慶應に通うようになると、すぐに遊ぶほうに目が行くようになりました。最初はヨットに興味を持つようのなり、体育会系のヨット部で油壺に拠点を置く「クルージング・ヨット・クラブ」というところに入りました。

桐生は海のない地方なので、私は小さいときから海に憧れていました。慶應義塾を選んだのも、実は、湘南の海に近いということもあったからです。

大学では最初、ヨットばかりをやって授業には出ませんでした。

クルージング・ヨット・クラブでの生活は半分、寮生活のようなところで、1000～2000円払うと泊まれるところもあって、一年中、泊まりっ放しでした。真冬は小さいヨットで訓練しますが、春先になるとクルーザーで八丈島などへ行ったりします。学校の授業に全然、出ないのですから、当然、学業の成績は惨憺たるもので、落第です。

余り知られていませんが、慶應では落第して留年することになると、親に通知が行きます。

しかし学校から親に送られる成績表には「留年」とはどこにも書いていません。下宿に戻ると下宿のおばさんから、「実家のお母さんから電話があったので、かけてください」と言われ、電話を借りて家に電話をかけてみると、「学校から成績表が来たけど、『原級』って何?」と言われました。

初めて聞く言葉なので「知らないなあ」と答え、「成績表はABCだから読んでみて下さい」と頼むと、母は、「○○がA、○○がB。だけど、フランス語が丸印中に×マークがあるわよ」。疑問に思って大学の学生課に電話すると「それは留年のことです」とあっさり。

これはとんでもないことになりました。

父に電話をすると案の定、父から「すぐに帰ってこい」と言われました。

家に帰って来て父に会うと、父は「やっぱりお前はまぐれで入ったんだな。学費は四年間しか払わない」と言いました。最後の一年は自分で学費を稼がなくてはならなくなりました。

当時、慶應義塾大学の学費は一年で16、7万円でしたから、普通のサラリーマンの月給の一・五～二カ月分ぐらいです。金額としてはたいしたことはありません。アルバイトで稼いでも払える金額です。私は父に「わかりました」と言って東京へ戻りました。ヨット部はもう一年間やってから、三年目、二年牛に進級したときには辞めました。

私は自分がこんな人間なので、ヨット部でも仲間になるのは留年組ばかりでした。たとえば、そのうちの一人は慶應付属高校出身なのに高校を一、一、二、二、三、三とやっていて大学一年生なのに年齢は三つも上でした。自分の周りには、そういう少し「外れた」人間ばかり集まっていました。留年組は年上なので先輩の言うことも聞きません。結局、私を入れた悪仲間三人は、同時にヨット部を辞めることになりました。部としてはそれでせいせいしたのではないかと思います。そのときの仲間の一人は三越に就職してから退社して自分で貿易会社などをやっていましたが、その後の行方は知りません。

大学三年になると、私はアメリカンフットボールを始めました。今度は体育会ではなかったので、合宿などはありませんでしたし、そんなに真剣にやっていたものではありません。

大学時代のイベント企画

その頃になると、アルバイトでテレビ局に出入りをするようになっていました。

昭和四十八、九年に、フジテレビが、例えば女子大生クイズ大会など、女子大生何々という企画の番組を作り始めていました。その番組作りのために女子大生をスカウトする必要があり、そのアルバイトをやっていたのです。

TV局が女子大生に目を付けたのは、当時、雑誌などで、例えばシャンプーの広告で「街で見つけたかわいい子」などといって、一般の人を広告に出す例が出て来たことと関連があると思います。TVでもそうしたタイプのCMと、番組との相乗効果を狙ったのだと思います。

このスカウトの仕事では、例えば、女子大対抗クイズ大会をやるので、東京女子大、日本女子大、大妻女子大の学生が四人必要なので連れてきて欲しい、ということなれば、それに応じて四人連れて来てアルバイト代がいくら、というものでした。

われわれアルバイトはスカウトのために女子大学のキャンパスに直接行くことになります。不思議なもので、女子大の正門の受け付けで「慶應大学の学生です」と言うと、とりあえず守衛の人も通してくれました。学生証を持っているので、どこでもそれがパス代わりとなりました。

言うなれば、仕事を名目に、学校の中で堂々と〝ナンパ〟ができるわけです。

この当時は、テレビに女子大生が少しずつ出始めた頃で、とっぽい女の子はTVに出たがりでしたから、「テレビに出られる」ということだけで比較的スムーズにスカウトができました。

だから、苦労しなくても、女の子の友だちを簡単につくることが出来たことは役得でした。

その当時、いまの副社長の真木勝次が早稲田大学の理工学部にいて、同じアルバイトをしていて知り合いになりました。

当時、真木と話をしているうちに、これだけ女の子の知り合いが増えたのだから、何か別のことをやろうじゃないか、ということになりました。

大学三年の秋頃になると、真木は早稲田、私は慶応で、共に「企画事業クラブ」というサークルをつくっていて、スキー・ツアーやパーティなどの企画を始めました。

企画と言っても、たとえばパーティをやるのなら、とりあえずパーティ券を一年分作って売ってしまう、というようなものでした。

なぜこんなことを考えついたかというと、パーティ券の印刷を見積もってみると、一回や二回分を作るよりも、一年間分を作ったほうが割安にできることがわかったからです。その結果、パーティは年間スケジュールで、毎月第何土曜日にどこそこで開催、ということにして、会場も一年間押さえることを考えました。

当時、東京・六本木などの繁華街には「ディスコ・サパークラブ」というものがありました。今はありませんが、「プラスワン」や「クレージーホース」といったクラブがあって生のバンドが演奏をしていました。

こうしたクラブに飛び込みで会場を借りる交渉をしにいくわけです。夜八時や九時の時間帯はピークなので当然、われわれのような学生に貸し切りはしてくれません。そこで、一般のお客さんが来る前の午後五時から七時半の間で交渉すると、会場を年間で抑えることができました。

しかし当時は、大学生でも真面目な女の子はなかなか、こういったパーティには顔を出すことはありませんでした。こういった真面目な女子大生を誘うにはどうしたらいいか。

そこで考え出したのが、昼間に「ティー・パーティ」を行う、という新しい企画でした。場所は東京・青山辺りにある明るい喫茶店にしました。

こんなことを大学の三、四年のときにやっていましたが、そんなある日ふと、「ミス・キャンパス・コンテスト」というイベントの企画を思いつきました。これが昭和五十年（一九七五年）のことでした。

スポンサーが８００万円を

「ミス・キャンパス・コンテスト」はある意味で冒険でした。なぜかというと当時、「ウーマンリブ」の流れに沿って女性差別反対運動が盛り上がっており、美人コンテストは女性解放運動の立場からやり玉に挙がっていたからです。

第一回目だから百大学から百人の女子大生を集めようじゃないか、とぶち上げたところ、知り合いのテレビ局の人から「それはおもしろい。是非特番を組もう」という話になり、トントン拍子にこの企画が実現することになりました。

開催する会場を、東京・高田馬場に西部鉄道が造った「ＢＩＧ ＢＯＸ（ビッグボックス）」に決めました。というのも、この建物は〝学生の街〟に焦点を合わせて造った新しい建物だったからです。

この会場も飛び込みで交渉に行ったところ、無料で会場を貸してくました。なぜ無料にしてくれたかというと、出来て間もない施設だったのに、ＴＶで放送してもらえるからです。テロップで「会場・ビッグボックス」と出るだけでも、相当な宣伝効果があります。

この企画を進めているときに、あるシリアル食品のメーカーから800万円の経費を提供したいとの申し出がある、という話を、知り合いの広告代理店の人から言われました。

シリアル・メーカーがなぜこのイベントに興味を持ったのかというと、当時、学生にシリアル食品を売り出したい、という狙いがあったからです。

昭和五十年頃には、いろいろな食品や飲料メーカーから、若い独身層、特に学生を一つのターゲット層として捉える考えが出始めていました。

このシリアル・メーカーは、一人暮らしが多い学生に対して、朝食に簡単に食べることができ栄養価も高いシリアルを、ということで、学園祭の会場で試食用に小さい袋に入れたものを配ったり、会場内で学生が開く喫茶店のようなところで出してもらったりすることになり、その手伝いも行いました。

800万円の経費の名目は会場費と、女子大生百人分の衣装代と交通費などの合計、ということでしたが、実際は必要経費はテレビ局が出すことになっていましたから、800万円はまるまるわれわれの懐に入ることになったのです。

当時、新卒社員の初任給が10万円ぐらいでしたから、大学生にとってこの800

万円というのはたいへんな大金でした。イベント業というのが美味しい仕事だな、と思ったのも無理はありません。しかし学生なので、そんな大金を使う目的もありません。真木たちとどんちゃん騒ぎをするのが精一杯でした。

学生ベンチャーと言えば聞こえはいいですが、大学生の頃には、世の中の仕組みなどは分かってはいませんでした。

最初はただ、面白がって仕事をしていただけです。東京に来てから四年が経ち、これから社会に出てネクタイを締めて満員電車に毎日揺られて初任給10万円ぐらいで生活していくのか、と思うと、とてもやっていけない、という気持ちになりました。

当時の大学生は、大学三年の頃には就職先がだいたい、決まっていましたが、私は学校に来て授業に出ていなかったので、ゼミの存在も知らなかったほどです。当時、慶應の経済はゼミは任意だったからです。

三年の秋口になると同級生から就職はどういう状況か、という電話がかかってきます。ゼミはどこに入っているのかと聞かれると、本当に知らないので「ゼミって何だよ」と答えている始末でした。

その同級生からは「ゼミに入ってないと就職できないぞ」と言われたので、私は

「おれは就職しないんだ」と答えると、周りの学生は皆びっくりしていました。

伊藤忠の越後正一

家業は前述の通り、糸商でした。父は川村治朗といい、祖父は川村佐助という名前です。当時、祖父も存命でした。祖父は「繊維相場の神様」と言われた伊藤忠商事の越後正一さんとは相当、仲が良かったようです。歳も同じぐらいで、明治の人間同士だったからです。

大学三年から四年になるときの年末、昭和四十九年か五十年の正月前に実家に帰ると、越後さんが偶然に何かの用事でお見えになっていました。越後さんは当時、恐らく相談役か何かの頃です。伊香保かどこかに行く用事があったのだと思います。

そこで祖父から越後さんを紹介されました。

私は越後さんのことを全く知りませんでした。祖父が越後さんに「こいつは自分で何かをやろうと言っているんだ」と私を紹介しました。そうすると越後さんが「まあ、うちの会社を受けてみなさい」と言われました。休みが明けたら人事の何とかさんに言っておくから訪ねなさいということになりました。

東京に戻ると、家からまた連絡があり、「伊藤忠の何とかという人を訪ねろ」と言われて、訪ねることにしました。面接らしい面接ではなかったのに、内定をもらいました。それで困ってしまいました。

内定をもらったのに全然うれしくありません。いよいよ大学四年生になり、今の副社長の真木に「おまえは大学を出てどうするのか」と尋ねました。

真木も早大の理工ですから就職に困るということはなかったはずです。大手の電機メーカーから既に内定をもらっていましたが「就職はしたくないんだ」と話しました。ならば二人で、何とかやっていこう、と、どちらから言い出したということもなく、話が進んでいきました。

とにかく会社をつくろうと。

そう決心して、いろいろかけずり回っているうちに、一年近くが過ぎていきました。

ぴあ・矢内氏との出会い

会社を作ろうと思って活動していた大学四年生の秋口の頃、ある日、ぴあの矢内さん（廣・社長）を訪ねました。

当時、学生起業家の先輩として会社をやっているのは、ぴあの矢内さんぐらいしか思い当たりませんでした。「学生ベンチャー」という言葉さえ、当時はまだなかった時代です。

矢内さんを訪ねることにしたのは、実は、副社長の真木が学生結婚をしていて、真木夫人が偶然、ぴあで働いていたからです。当時はまだ、ぴあには社員が十二、三人しかいないときで、そのうちの社員の一人でした。ですから矢内さんと知り合った縁は真木夫人、ということになります。

矢内さんは中央大学の映画研究会にいて、私より三級上でした。

ぴあのオフィスは当時、東京・神保町の雑居ビルの一室にありました。二階の二〇二号室が本社でした。

矢内さんを訪ねると、「川村君と真木君は、このビルで仕事をすればいいよ。二〇一号室が空いているから、そこで十分だよ」と言われました。二〇一号室を覗いて見ると、四畳半もない狭くて汚いところです。よく言うなあと思いましたが、大家さんを紹介してもらうと、大家さんも「すぐに貸してあげよう」と言います。嬉しかったのは、そのオフィスに電話が付いていたことで、しかもその電話の名義は大家さんなので、新たに電話会社と契約する必要がなかったことでした。

ここで仕事を始めようと決めたのは昭和五十一（一九七六年）、大学を卒業する直前でした。ただ、会社の登記をしたのは、その年の六月になりました。

当初、オフィスは隣同士でしたが、不思議なことに、ぴあとはこれまで、イベント・プロモーションで一緒に仕事をしたことはありませんでした。しかし最近になって、何か一緒にできないか、という話を矢内さんとするようになりました。

ぴあはコンサートや映画のチケット販売を中心に事業をやられていますが、創業の頃は、映画やコンサートの寸評と、上映・公演のスケジュールなどが書いてある冊子を売っているだけの会社でした。

映画やコンサートのスケジュールはどこかに必ず載っていいものなのでもともと無料ですが、それを一冊にまとめたのが「ぴあ」という雑誌でした。当時、それを100

創業間もない頃、東京・神田神保町のオフィスで。左は真木副社長

円で売っていましたので、自分の感覚からすると高いなという感じがしました。

ぴあは当初、大手取次会社などの出版流通を通していない雑誌でしたので、われわれが仕事がなくて困っているときは、「これ売ってこいよ」と矢内さんに言われ、それこそリヤカーに積んで売り歩くアルバイトもしました。

いま思うと、当時のわれわれ学生起業家は、今のベンチャー起業家と違って本当に学生に毛が生えたような感じでした。

ただ、創業した昭和五十一年の頃は、日本の経済自体はそんなに良い状態ではない時代でしたが、みんながワイワイと盛り上がれる雰囲気がありました。今の学生に比べて冷めている学生は少なかったのだと思います。

だから大学時代に自分の周りにいた人たちは皆、自分がいつかは社長になるんだ、というような大きなことを言う人が多かったと思います。結局、大きな組織に入って、社長になった人はあまりいませんでしたが、そういう大きな夢を語ることが大事なのだと思います。

母の心配

大学四年の秋口にそんな活動を始めたわけですから、もう就職はしない覚悟です。俗に言うコネ、それも家長である祖父のコネで内定をもらっていたのに、それを蹴ったのですから、とても怒られた、というよりも、祖父と父を何か白けさせてしまったようです。それから自分が三十一歳で結婚すると報告をしに帰ってくるまで、祖父と父とは交流がなくなってしまいました。

その間に、自分のことを心配してくれたのは、祖母と母です。

母は、昭和元年に京都で生まれ多美といいます。

卒業して会社を始めたものの、最初は本当に年に一回しか仕事がないようなことがありました。そんな状況なので、本当に飯が食えない、という日々が続きました。食べ物がないときは、一日にインスタントラーメン一個を二つに割って食べる、などということもありました。そんな生活をしていたので、そのうち脚気になってしまいました。

飯が食えないときには、祖母や母がお米を送ってきてくれたりしたので、とても助かりました。

母と祖母は、たまに東京に出向いては私が住むアパートに寄って、部屋を覗いていました。部屋を見れば、生活が荒んでいてお金がないことがすぐにわかりますから、そうすると小遣いを少し置いたり、ご飯の材料を買ったりしてくれていました。

二十八、九歳ぐらいになると、自分の力で飯も少しは食えるようになりましたが、母と祖母の訪問はそれぐらいまでは続きました。

いま八十四歳ですが、今でも言われることは「親より先に死ぬな」ということです。

昔、俳優の田宮次郎さんが自殺して亡くなったことがありました。そのとき母は真剣に私が田宮次郎に似ていると言い出しました。仕事がうまくいかなくなったら死んでしまうのではないかと本気で思ったのでしょう。

私が三十歳頃に父と祖父から疎遠になると、とても心配したと思います。特にお金の工面を父に言ってきたときは、その心配はたいへんなものだったと思います。

バブルが弾ける前までは、見栄でわざと派手になって実家に帰ってきたときなどは、どこかで転けるのではないかと思っていたに違いありません。

だから母は「人生は、そうずっと良い具合にはいかないのだ」ということをしょっちゅう言います。そして「始末しなさい」と。けじめをつけろ、ということです。

夏の思い出

父は前述の通り、早稲田の理工を出て大戦中は海軍の技術将校として長崎、佐世保にいました。原爆投下のときはたまたま長崎にはいなかったそうです。

私が子どもの頃には、よく夏になると茨城方面の海に一カ月間、泊まりに行っていました。父は仕事があるので週末だけ泊まりに来るわけですが、当時、桐生から電車で毎週、来るのはたいへんだったと思います。それに、よく一緒に海に入って泳ぎ方を教えるのは父でした。山国のハンデをなくすという発想があったのだと思います。

いま思うと、そういうことはなかなか出来ないことだと思います。自分が三十二、三歳のときに毎週、子供を海に連れて行ったかというとありませんし、とてもではないけれどできなかったでしょう。仕事が忙しいですから、それなりに気持ちを入れて頑張らないとできません。

今と違って電車に冷房もありませんから、暑い中に揺られていくには体力も必要です。

実家が昔から家業をやっていることもあって、年に一回か二回、盆暮れには実家にあいさつに帰ります。

八十七歳にもなった母親は今でも「あなたは幼稚園のときから変わっていた」と言います。自分は転んで三針縫ったことがあるのですが、「お兄ちゃんは転んで頭をぶつけたときには一日中泣いておったけど、あなたは全く泣かなかった」と言うのです。柱にぶつかると「この柱は、この柱は」と言ってその柱をいつも蹴っ飛ばしていたそうです。

祖父は「川村」の屋号を継いで糸相場と原糸商を商売にしていました。そういう商売での慣習なのか、家族のことも「君」付けで呼びます。幼少の頃には「治君はひょっとしたらすごい男になるかもしれない」とよく言われました。

祖父が亡くなり商品取引所の会員権は売ったので、今はやっておりません。

上毛地区には前橋に「前橋乾繭」という取引所があり、人絹と乾繭を扱っていました。朝六時ぐらいに祖父が相場仲間と、大きい声で「十万買い、二十万売り」などとやっていました。日本橋小伝馬町に行くと、私が中学、高校の頃には場立ちが手で相図をして、祖父が「何々三万円売り、十万売り、二十万買い」などとやっていたのを覚えています。

祖父の戒め

二十三歳で独立してから四、五年で普通の人の給料ぐらいは稼げるようになりました。そういう様子を見て、祖父はとても驚いていたのを覚えています。「母と祖母が助けていたのは聞いていたけれど、それにしてもへこたれないでよく来たね」と言われました。

三十歳の頃にもなると、お金も出来て、車を買って実家に帰ることもありました。しかし急に羽振りが良くなったからといってそんな風情だったことが気にくわなかったのか、私が実家に帰っても、祖父や父は私と顔を合わせようとはしませんでした。「あんな奴知らないね」という感じです。ただ、そういう態度の祖父に対しても、生意気な私はその頃は「元気がいいな、じいさんは」と思うだけでした。

そんな祖父も私の結婚式には来てくれました。

祖父からは、「おまえのやっている仕事はとても私には理解できない」と、よく言われていました。明治生まれですからそれはそうでしょう。

祖父はよく「仕事というのは川上に立つことを考えてやらなくてはダメだ」と言っていたことを今でも覚えています。

意味が分かりにくい言葉ですが、深く考えると理解できるような気がします。つまり、人間はお金がないと、とかくお金があるところに媚びて流されてしまいがちになる、それで自分が本当にやりたいと思っていたことをできないし、そういう状態を許してしまうことが多い。だからそれを戒めている言葉なのだと思います。

今のような会社を経営していると、特にそういう戒めが必要なのだと思います。それをたぶん、祖父は言っていたのではないかと思います。

祖父は平成元年（一九八九年）、九十二歳のときに亡くなりました。

私が事業で成功したと言えるようになるのは三十五、六歳の頃からで、その頃には同じ年代の普通の会社員よりは給料を取っているほうでした。

祖父と祖母

祖父は一言で言うと、自分を律するために周りを巻き込む人でした。

たとえば、田舎の中小企業を経営していましたから、年に二回ぐらい家族ぐるみで社員旅行に行っていました。私も子どもの頃から一緒に行っていました。宿の温泉の

20歳の頃、家族と実家にて（後列左）。前列が祖父・祖母

大浴場に入ると、祖父はわざわざ小さい石けんを使い、しかもそれをみんなに強制していました。三、四十人ぐらいいる従業員に対して、裸のまま「でかい石けんを使うんじゃない！」と怒鳴るのです。

いま思うと、それはたぶん、自分を律することを他人に強要することで余計に自分を律していたのだと思います。

祖父は〝モラロジー〟というものにも凝っていました。

モラロジーとは、道徳科学と言われるもので、廣池千九郎先生という人が有名です。廣池先生が存命のときには、先生がうちにも何回も見えていました。

一方、祖母は代々、京都にあった川村

という屋号の糸屋を継いできた家の娘でした。つまり祖父はその家の婿養子に入ったわけです。

祖父は岐阜の郡上八幡の出身で、昔の尋常小学校を出てから、川村に丁稚奉公に来ていたそうです。仕事ぶりが祖母の父に見初められ、そのお嬢さんと一緒になったというわけです。

桐生には当時、「はた屋」が多くあり、最初、川村は京都から糸を卸していました。桐生のほかに足利、太田、館林、伊勢佐木などにも卸していました。こういった地域に機織り業者が多くなったのは、昭和の初めの頃です。それからしばらくして拠点を桐生に移したわけです。

京都には本家が今も残っていて細々と家業を営んでいます。

祖母は、女学校に通うお嬢さんでした。名前は片仮名でツタです。明治生まれの非常におしとやかな人で、昭和五十七年、八十歳のときに亡くなりました。女学校まで出た祖母が、丁稚だった祖父とよく一緒になったと思います。

祖母が脳卒中で倒れて亡くなったときのことを今でも覚えています。たまたま私は実家に戻っていました。祖母はトイレから出てきて倒れ、救急車で運ばれるときには手足が動かない状態でした。救急車に同乗すると、祖母は、着物を着たままで「ウー、ウー」とうなっていました。足がはだけていたので、着物を被せてあげると、祖母は静かになりました。昔の女性ですから、肌を見せるのが恥ずかしかったのでしょう。

私が二十代半ばで食うや食わずのときには、祖母と母がやって来ると、ただ「ああ、また小遣いがもらえる。これで食べられるな」と思うだけでしたが、有り難さがわかるのはもう少し歳を取ってからでした。祖母が亡くなったときは本当に悲しみました。

父も、祖父と同様に婿養子でした。つまり、祖母と母は本当の親子でしたから、仲が非常に良かったのだと思います。

父は旧姓を田中といいますが、母と同じく京都の生まれで、もともと川村の親戚でした。田中家はやはり繊維問屋をやっていて、田中本家は今も東京・日本橋にあり、商号を「田源商店」といいます。

私は祖父母、父母にとても恵まれたと思います。そういうことは年を取ってからようやく気づくものです。

祖母が母親と一緒に来て小遣いをくれるときなどはよく、「治君は必ず立派な男になる」ということを言っていました。会社が上場したときに祖母と祖父が生きていたら、とても喜んでくれたのではないかと思います。

父の涙

私が三十五、六歳のとき、一九八七、八年から九二年にかけて、日本はバブル経済が膨らんで弾け、当社は年商が14、5億円をうろうろし、一時、また毎日の食事もろくに食べられなくなりそうになったことがありました。

会社が上場する二年前の九八年頃には、なかなか思うように数字が行かなくなり、上場できるかどうか毎日悶々として仕事をしていた時期があります。

その頃、どうしてもいくらかまとまったお金が必要なことがありました。それで父に相談したことがありました。

しかし自分もいい加減で、相談といっても糸問屋をしていた実家の父親が東京・小伝馬町にその出張所があって何十坪かの土地を持っていたので、土地を担保にしてお金を借りてくれないかというものだったのです。当然のことながら、父からは「お前なんかにやるものは1円もない」と言われました。

それから一年ほど経った九九年のある朝、何とか上場できそうだと毎日もがいて仕事をしているときでしたが、突然、電話がありました。

電話に出ると「わたしだけど」。これまで父親から電話をしてくることなど無かったし、しかも朝の七時半でしたから、わたしは本当にどうしたのかと思い「どうしました?」と聞きました。

父親は大正生まれの昔の人間なので、母親が電話をして少しの間替わることはありますが、自分から電話をすることはなかったのです。

そうすると父は「お前、辛かったらいつでも帰ってこいよ、飯だけは食わしてやるから」と言うのです。このとき私は大泣きしました。

しかしこれはたいへんな励みになりました。

上場したときに挨拶に行ったとき、電話をもらったことがずいぶん励みになったと話しましたが、父からは「そんな電話、わしゃしたか?」との答えが返ってきました。照れているのか、本当に忘れているのかはわかりません。しかし、自分が十八歳で東京に出て来てから、父親から電話があったのは、今までこれだけです。

父が私のことを認めてくれるようになるのは、会社がようやく上場できるというところにこぎ着けてからでした。

父は大正生まれ、祖父は明治生まれですから、当社のような仕事を理解してもらうにはやはり時間が掛かりました。仕事の内容を何回説明しても、なかなか理解してもらえませんでした。

三十歳を超えてよく親と話をするようになりました。祖父も父も、もう一回説明してくれと言い、何十回も説明しますが、「おまえのやっていることはブローカーか」という答えしかありません。

確かにブローカー的な部分もあります。例えば音響や照明やタレントを集めて一つのものを作る、その口利きということで言えばブローカー的です。しかし、この一つに集めるということが、実は、重要なポイントなのですが、その価値を余り理解していません。そんなものがなぜ商売になるのかと、ずっと言われていました。

二〇〇〇年に会社が上場しましたが、その頃になって漸く、父からは理解してもらえるようになりました。しかし祖父はその頃にはもう亡くなっていました。

上場したときは当然、新聞などに出るので、父はそれを見て知っていたと思います。二〇〇〇年七月十三日に上場して、その週の日曜日に挨拶に実家に帰ると、そのとき生まれて初めて父の涙を見ました。私は「お陰で上場できました、ありがとうございました」と言いました。

父に資金繰りの工面を断られたおかげで、なら自分で稼ぐしかないと一念発起して、本気になって仕事に精を出し始めました。そうなって初めて、自分のやっているイベント業、プロモーション産業というものをもう一度、本当に深く考えるようになったのだと思います。

「ミス・キャンパス・コンテスト」の頃から、それ以来、仕事はただ面白くてずっと続けていたというところがありました。

それがバブルが弾け、ようやく本気になった、ということもあるかも知れません。年齢も四十一、二歳となって、ようやく本気です。

それから真剣に、自分の仕事について考えるようになりました。

兄・姉

私は四人兄弟の一番下で、兄一人、姉二人です。

一番上が五歳上の姉で、小学校一年生のときには六年生でしたから、随分と離れたお姉さんという感じでした。

上の姉にしてみれば、私などは本当に子どもみたいなものでしたから、私が大学生のときには、アパートにご飯を作りに来たりしていました。姉は青山学院大学を卒業して当時はOLでした。私が十八、九歳のとき、姉は二十四、五歳の頃です。

ですから今でも、五つ上の姉と三つ上の姉は「お姉ちゃん」という感じです。

女性は皆、母親のまね事のようなことをするのだと思います。だから私が二十四、五歳ぐらいまでは、姉たちはミニお母さんという感じでした。社会人になってからそんなに会ってはいませんが、今でも仲は非常に良い方だと思います。

桐生の家業はいま、兄が継いでます。

しかし繊維産業は厳しいですから、たいへんだと思います。

桐生で仕事をしているので、東京でやっているわれわれのような業種の仕事のことはわからないのではないかと思います。

カジキ釣り

私は月に一度はグアムへ行きます。グアムへ行くのはカジキ釣りを行うためです。シーズンで行かない月もありますので、年間にすると九回ぐらい行っています。グアムに行くときはだいたい三泊の日程をとるので、一回の滞在で二回は海に出ます。カジキを釣るのは、これが私にとってはまたとないリフレッシュになるからです。時間に追われながら物事を考えて結論を出す生活をずっと続けてきたので、月一回はこれでゆっくり考える時間を持っているのです。

船で海に出ても、カジキがしょっちゅうかかるわけではありません。だからけっこう、ただぼうっと船に乗っている時間の方が多いのです。それで、一つのことをゆっくり、落ち着いて考える時間を持てるわけです。

だからリフレッシュと言っても、仕事を忘れるのではなく、落ち着いて考えるためのものなのです。

一回海に出ると、朝八時から夕方五時ぐらいまで、八、九時間は船の上にいます。海にあこがれて、大学時代にもヨットをやっていたぐらいですから、少々の波では船酔いはしません。さすがに周りが見えなくなるいぐらいの大波に揺られるとぐったりしてしまいます。

これまで釣れた大物のカジキは、六百ポンド、約二百七十キログラムというのがありました。二百キログラム以上のものは二匹釣ったことがあります。

一匹を釣り上げるのに普通、百キログラムのもので一時間、二百キログラムのもので二時間と言われますが、私はその半分ぐらいで釣ってしまうので、船長に「クレージー」と言われています。

私は年中、浅黒い色をしているので、「何で焼けているのか」と聞かれることが多いのですが、「カジキだ」と答えると、自分もやってみたいので一緒に行こう、ということになります。そういう釣り仲間が仕事関係を中心に二十人ぐらいいます。

皆さん十年や二十年の釣り歴があり、腕に覚えがありますが、カジキ釣りはとても疲労するし、力が必要なので、半分ぐらいの人は掛かっても釣り上げるのは怖いから途中で代わってくれと言います。

釣れるときは多いときで四、五匹、少ないときは一、二匹です。

掛かっても外されることもあります。三百キログラムに耐えられるラインが付いていたのに切られてしまったこともあります。

百グラム以下のものが掛かったときは逆にリリースしてしまいます。リリースするときは手元まで引いて来てから針を外すので、これがなかなか大変な作業です。

リリースするとき背びれに、釣った日付と釣った人の名前、船長の名前、船長のパソコンのアドレスなどを書いたタグを付けます。

こんなことがありました。二〇〇四年五月何日かにリリースしたものが、〇九年に何とインドネシアで漁師が釣り上げ、船長にメールしてきたのです。大きさは三百二十キログラムもあったそうです。このカジキはグアムからはるばる五千キロメートルぐらい旅をしたわけです。カジキは回遊魚なので、太平洋なら太平洋をぐるぐると回っていると言われますが、その通りでした。

日頃接しているお客さん、金融機関や証券会社の幹部で、釣りが好きな人と一緒にグアムへカジキ釣りに行くこともあります。ただ一度行ってから何度も行こうという人はいません。もういい、という人が多いです。

釣り好きは、必ず釣れないと面白くないというところがあります。私の場合、その場所に行くことが、釣ることと同じぐらい価値があります。

東京に居ると慌ただしいので、ゆっくり考えられる時間は貴重です。せこせこしない発想も出てきます。

よくレクリエーションではオン・オフの切り替えを行うと言いますが、私の場合はオンの中で強弱を付けています。だからオフになって完全に仕事のことを忘れる、ということはありません。

たぶんオフになったら、私のようなタイプは、糸の切れたタコのようにどこかに行ってしまい、元に戻らないのではないかと思います。

気仙沼で漁を体験

われわれ日本人が食べているカジキマグロは、メカジキ、マカジキというもので、トローリングで釣る黒皮カジキとは違います。黒皮カジキは別名ブルーマリーンと言い、空気に触れると二十秒ぐらいで黒くなりますが、海の中では青く見えるのでこの名前があります。

メカジキ、マカジキは賢い魚で、餌では滅多に釣れません。

ほとんどの日本のメカジキ、マカジキは、仙台沖で、突きん棒漁で捕らえています。

地中海でどこでも、世界中、メカジキ、マカジキを捕るには突きん棒漁なのだそうです。それは、頭がいいから餌では釣れないからだそうです。

私は二〇〇〇年に会社が上場して一息ついてから、〇二、三年の頃、好きなカジキ釣りを本格的に極めようと思い、気仙沼まで行って突きん棒漁に挑戦したことがありました。

漁師さんに頼み込み、一緒に船に乗せてもらったのです。

突きん棒漁では、気仙沼から三日間、沖に出ます。沖合五十から百キロメートルぐらいのところを流してカジキの群れを探します。船の穂先に突く場所が四、五メートルぐらい出ていて、たいへん揺れる場所ですが、そこに命綱を付け、コードの付いた槍のような電気モリで突きます。

ゆっくりと船で近づき、群れから少し外れた何匹かを狙って上から目で見ながら突くのです。

私は二回突かせてもらいましたが、二回とも失敗しました。

漁師さんからはひどく怒られました。これで商売をしているのだから当たり前です。

といっても漁師でも三回に一回ぐらいは失敗します。だから打率は六〜七割です。失敗すると群れは逃げてしまうので、また探さなくてはいけません。

全長二十五《メートル》ぐらいの船に十人近く乗っているので、寝るところも十五《センチ》ほど上にほかの人が寝ています。だから寝返りも打てないような狭い場所です。

群れを発見すると船員は夜中でも起こされます。

私が乗ったときは三日三晩で十五本ぐらい捕れました。貴重な体験を得られました。

第3章

稲盛和夫さんとの出会い

京セラ名誉会長の稲盛和夫さんは、若手経営者を集めて「盛和塾」を主宰してこられましたが、稲盛さんからこんな話を聞いたことがあります。

「嫌だ嫌だと思って、楽をしたいと思って会社の経営をやめてしまったら、三日も経たないうちに今度は退屈になるよ」と。

二十年近く前、盛和塾で稲盛さんはそういう言葉を文章に書いて、われわれ若手経営者に配られたことがあります。まさしくその言葉通りだと最近、思うようになりました。

人は大変なときは楽をしたいと思うけれど、楽なときは大変なことはあまり考えません。だから自分で自分を締めていくことは、とても大事なことだと思います。

稲盛さんとの出会いは一九九一、二年のとき、私が四十歳になる手前の頃です。

当時、当社のメーン銀行だった三和銀行の支店長の方が、京セラに出向されていて、もとの支店に戻ってきました。その際に「京セラ創業者の稲盛さんが盛和塾というのをやっています。興味はありませんか」と紹介されたのがきっかけでした。たまたま当社が京セラ展の仕事を引き受けていたので、京セラのことは知っていました。ただ、盛和塾に入るには紹介が二人必要でした。そこで支店長は「ぴあの矢内さんとは知り合いでしたね」と言うので、ぴあの矢内さんと支店長に紹介者になってもらいました。矢内さんは既に盛和塾のメンバーだったのです。

稲盛さんとの出会いから、自分の生き方は徐々に変わってきたと思います。「会社をたたもう」と役員の前で言ったのが、ちょうど九二年の頃でしたから、そういう悶々としている時期に稲盛さんと出会ったわけです。

当時はもう朝の五時まで飲んで帰ってくるのも飽きてきたし、そんなことをしているから体の調子も良くないし保険にも入れない。こんなこといつまで続けているのだろうと思いながら、稲盛さんの盛和塾に入って話を聞いているうちに、よし頑張ってやろう、という気持ちになったのです。

当時はまた、盛和塾にいた光通信の重田康光社長（当時）に良い刺激を受けました。00××番をかけると地方の通話が安くなる、といったビジネスを全国で展開していたのが光通信で、こんなに若い社長がこれだけの売り上げ規模の会社を作り上げることができるのかと感心しました。稲盛さんの話はもちろんですが、そういう若手経営者からの刺激がとても大きかったのです。

自分が悶々としているときに、ちょうどいい具合にいろいろな人からの刺激を受けました。

稲盛さんが言っている持論の中でも一番好きな言葉があります。それは「人より努力をする、誰にも負けない努力をする。それさえやっていれば必ず、体一つぐらいはリードできるし、そうすればそれからどんどんリードできるようになる」ということです。盛和塾に入った九二、九三年頃からは、それを本当に実感するようになりました。

転機

私は一九八三年、三十一歳のときに結婚しましたが、一九七六年に会社を創業して三十二、三歳ぐらいになるまでは、ずっと、この仕事をいつ辞めようかいつ辞めようかと思っていました。

だから会社には、その頃まではいつでも「転職情報」のような雑誌が置いてありました。

そういう雑誌を買って会社に持ってくるのは、私か副社長の真木ぐらいだったのです。

真木とはよく、「転職は三十五歳まででないとダメだ」と話していたことを覚えています。

七六年に会社を始めて、七八年までの二年間ぐらいが一番、大変だった時期です。そのときは、「ショックで吐く」という経験を何回かしました。期待していた仕事が入らず、先方からキャンセルの電話をもらったとき、本当に吐いてしまいました。

普通の人の給料ぐらいは稼げるようになっていましたが、後ろ盾は全くありません。当時からこの業界では、去年仕事をもらったからといって今年も同じ仕事が必ずもらえるという保障は全くありませんでした。従って仕事に対する収入の歩留まりは全く見えず、計画を立てることはできませんでした。ですから三十三、四歳ぐらいまでは将来に対する不安な時期がずっと続いていましたので、当然、転職しようという気持ちがつきまとっていたのです。

転機となったのは九二、三年の頃、ちょうど四十歳になった頃のことです。実は、本当にこの会社を一旦、たたもうと思い、当時の役員に、「どう思うか」と聞いたことがあるのです。するとどういうことか、役員は誰れ一人、会社をたたむことに反対をしなかったのです。

こちらは妙に拍子抜けの感じになりました。考えてみたら、この会社はろくでもない連中の集まりではないか。そもそも自分からして、意気揚々と燃えて会社をつくったわけではないし、役員たちもこの指止まれと言って集まって来たわけではありません。ほかに行くところがなくて、何となく集まってきた、そういう集まりですから、言ってみれば大企業から落ちこぼれた者同士の傷の舐め合いのようなところがあったわけです。だからみんな、「いつ会社がなくなってもいいや」ぐらいにしか思っていなかったのでしょう。

これで私は逆に、「ならばここはひとつ、自分が頑張って、やってやろうではないか」と思うようになりました。役員が皆、当てにならないのなら、自分がやるしかない、最後はたった一人になってでもやってやろう、と思うようになったのです。

後輩から「川村さんは変わった」と

○九年最後の釣り収めにグアムに行ってきたときのことです。

このときは慶應義塾大学で企画事業クラブをやっていたときの二級下の後輩と一緒でした。その彼も、もう五十五歳になりますが、そのときつくづく彼が言っていました。「川村さんは二人目の人生を生きていますね」と。どういう意味かと言うと、学生の頃から三十七、八歳までと、今とでは全く別人なのだそうです。

これはよく言われることです。当社の古い社員、副社長もそう思っていると思います。

どう違ってきたか。自分で言うのも変なのですが、ものすごく自分に厳しくなりました。自分に厳しくなり、「負けないぞ」という気持ちが人一倍強くなったのです。

これは自ら意識して変わったこともあります。

昔はこんなにしっかりしていませんでした。何でも途中ですぐにやめてしまうのです。会社で役員を前に、もう会社をたたもうかと言ったことがあることは前項で触れた通りです。

三十五、六歳の頃までどんな生活をしていたかと言うと、当時、九階建てのマンションの八階に住んでいたのですが、ほとんど毎日のように飲み過ぎては明け方に帰ってきて、八階からよく吐いていました。なぜそんな状態なのに明け方かどうかがわかるのか。それは、マンションのドアに入っている朝刊をいつも自分で抜いて鍵を開けていた記憶があるからです。そんなことですから、下に住んでいる人とは口論になったりしたこともあります。

今では自制してもう十五、六年経ちましたから、もう酔っぱらうほど飲むことはありません。九二、三年以降は酔ったことがありませんし、今は飲みたいとも思いません。だから後輩から見れば、ある意味でつまらなくなった、ということを言われます。

その頃、どれほどひどかったかは、健康診断の数値に表れていました。当時、中性脂肪の指数が普通の人の約八十倍、三五〇〇もありました。一九八八年、三十六歳のときに生まれて初めて生命保険というものに加入しようとしましたが、これほど異常な数値だったので生命保険には入れてもらえませんでした。

何しろ当時は毎日酒は飲むし、甘いものも好きでした。ブランデーなどは一回で一瓶を空けていましたし、メロンなどは半分に切ったものを一人でまるまるガップリと食べていました。体重も八十五キロムグラもありました。

仕事でようやく少しは食べられるようになったのが八三、四年の頃でしたから、その頃から多少は贅沢を出来るようになり、飲みに行くようになって、飲み代にもどんどん入ったお金をつぎ込んでいたわけです。そこから見たら、本当にガラッと変わりました。

一番変わったことは諦めなくなったということです。

「ウサギかカメか」

以前は「まあいいや」と途中で投げてしまうことが多かったのです。今はそう思うことはなくなりました。

稲盛さんはよく、「『うさぎとかめ』の話では、かめが勝つことになっているけれど、本当はうさぎが勝つに決まっている」——と言っていました。今でもこの話は印象深く記憶に残っています。

うさぎが負けたのは、うさぎが休んだからです。人はちょっと調子が良くなると、気が緩みます。こんなに先まで来たら、しばらく後からは来ないだろうと。これは驕りです。この気持ちがなくなれば、ウサギが勝つに決まっています。そういうことを稲盛さんはいつも言っていました。人はそれぐらい驕る気持ちがある、としょっちゅう言います。

自戒の念を持つことがいかに大事か。継続して弛まない努力をすることが。このことが頭にこびりついていたので、これさえ実行すれば、必ず勝てるのではないかと思うようになりました。だからそれ以来、気を諦めることがなくなったのです。

少しのことで頑張れる

当社は今では契約社員を入れて約三百人の会社になりましたが、五百人、五千人になってもやはり、社員の気持ちが一つになることが大事です。みんなでやっていくんだ、というムードというか、そういう意気込みがものすごく大事なのだと思います。そうすると人は普通以上に頑張ることができるのです。

だからこういうことは見過ごされがちですが、実は大きなことなのです。それにいま一生懸命力を入れている最中です。

よく経済や会社経営がマイナス・スパイラルに入る、ということが言われますが、それは全部、気持ち次第なのではないかと思います。

もう市場がこうなっているのだからダメなのではないかとか、株価や世の中の景気がこうなのだからダメだろうとか、そうやってダメな理由を探していると、本当にどんどんダメになっていくのだと思います。そうするのではなくて、いい理由を探していくことです。そうすると不思議なことに、自然に前向きになるものです。

会社の中には、忙しくてへこたれる人も出てきますから、そういう人を励ましてあげることも必要です。この問題に対してはこうすればいい方向にいくよ、というふうに、その人のレベルに合わせて言ってあげることが必要です。

当社の幹部によく言っていることがあります。問題を抱えている社員は、どうすれば一歩前に進めるかを本人もわかっていない人が多いのだから、その人に対してただ、「一生懸命やれ」と言っても余計にダメになるということです。そういう人にはわかりやすく言ってあげなくてはいけません。どんな人でも、上の人に見てもらっている、上司が分かってくれていると、うれしいものです。こんな些細なことで頑張れるのです。

人は少し偉くなるとすぐ、天狗になってしまうものです。本当は大して偉くもないのにです。本当に偉い人というのは、たとえば稲盛さんのように、決して、天狗になりません。

これからの当社の課題は、会社を創業者からの代替わりでいかにうまくソフトランディングさせられるか、だと思います。カリスマ性のある創業者は皆、それに苦労しています。その点、稲盛さんの京セラは代替わりを果たしてからもうまく組織が機能していると思います。

「利他の心」を実践

利他の心の考え方を象徴しているのは、仕事を増やす、商いを増やすということは、即ち相手が得になることだということです。

自分ばかりが得になるのではなく、相手が得になることを考えていると、自然に商売も増えていく、自分も得になっていく。

そうした考えが浅ければ浅いほど、相手には響きません。考えが深ければ深いほど、相手は喜びます。

要するに、初めてや二回ぐらいしか会ったことがない人でも、自分の会社のことを随分と勉強してくれていたら、誰だって気分は良いものです。それがただ「お願いしますよ」とか「仕事下さいよ」と言われても、誰れだって仕事は出す気にはなりません。

自分のところの売り込みばかりをやっている人が、実際にはなかなか仕事がとれない理由はそこにあります。相手のことをまず、よくわかっていなくてはいけません。そのところが結構、欠けている人が多いのです。

人に得をさせると、自分に返ってくる。商売というのは、そういうことではないかと思います。だからわれわれの仕事というのは、いい加減な「閃き」のようなことでできるのではないのです。

イベント・プロモーションのような商売で、東証一部にまで上場することができたのは、何かすごい閃きがあるのではないか、とよく聞かれることがあります。実は、そんなものはありません。相手のお客様のことを、研究に研究を重ねていくと、提案するべきものが見えてくるのです。研究しなければ的外れなことを提案することになるだけです。これでは学生のクラブと同じです。

「熱意」のかけ算

当社の幹部クラスの社員はもう、四十二、三歳になります。今の若い人全般に感じられることですが、若い社員に接して感じることは、「思いが低い」「トーンが低い」ということです。

私は最近、会長になったので、社長以下をよく叱咤します。

京セラの稲盛和夫さんが話されたことで私が好きな言葉があります。それは「人生の結果、仕事の結果は、考え方と熱意と能力との『かけ算』なのです」という言葉です。

足し算ではなく、かけ算だから、結果は大きく差がつく、ということです。これは全くその通りだと思います。

この言葉の考えでいけば、熱意と能力と考え方、どれも十持っていたら、十の三乗だから千になります。ところがこれが全部五しか出せなかったら、五×五×五で百二十五です。能力が五の人は十の人の八分の一になってしまいます。

そこで稲盛さんが言うのは、「考え方」や「能力」が少し劣っても訓練や勉強できますが、「熱意」は勉強したり訓練はできないということです。能力が五しかなくても、熱意は人の倍負けないことが大事だ、ということです。

ところが、誰にも負けない熱意が、今はおしなべて、若者にも、会社の幹部にも少ないと感じます。

だから、話すべきことを話せないし、自分がほかの社員からどう見られているかといったようなつまらないことを気にするのです。

熱意があれば、自分の言っていることが正しいと主張できますが、こう主張する人もいなくなっています。これは経営者にも同じことが言えるのではないかと思います。

会社は人材が命です。しかしその人材の能力をどう高めるかは一番難しい課題です。

私がよく使う方法は「窮地に追い込む」ということです。窮地に追い込んで、自分で反省させる。

いくらトーンが低い人でも、自分の子どもが目の前でさらわれたら、「ちょっと待て」と発奮すると思います。こうした熱意が会社にも必要なのです。

これは経営者でなくても、幹部社員、部下が一人でもいる社員には必要なことです。

その人の熱意がまた、ほかの人を動かすことになるからです。それにはやはり、窮地に追い込むことが一つの手法だと思います。

バトンタッチ

私が社長交代したのは、実はそうして「窮地に追い込む」ことが狙いの一つでもありました。これがうまくいけばいいのですが、難しいところです。

窮地に追い込まれると、人は発奮し、それで漸く「飯が食える」ことに繋がります。これを幹部社員も体得して欲しい。これは自分が経験して体得したことだからです。

なぜそんなことをしなくてはいけないか。とにかく人は逃げることに走りがちだからです。辛いものからは逃げたがるのが人のサガです。

そういうことを実感してきたので、社員が「いま考えています」と返答するときなども、「逃げる余裕があって考えているな」と見破ってしまいます。

いま当社で一番難題と思うのは、創業者の代替わりです。私がどこまで口を出すべきなのか、どこまで任せるべきなのか。

はっきりしているのは、会社は永続的に発展しなくてはいけないことです。これを第一に置いて判断しなくてはいけません。

そしてこれは中堅企業共通の悩みだと思いますが、限られた人材の中から後任を選ばなくてはなりません。

創業者も、うまくバトンタッチしていかないとちゃんとした企業にはなれません。

創業者が経営している会社は、後継者にバトンをちゃんと渡すことができて、やっと一人前の会社になることができるのだと思います。

稲盛さんの「啐啄（そったく）」

稲盛さんは「啐啄（そったく）」という言葉でバトンタッチを表現しています。雛が卵から孵化するときに、中から出たいと雛が突つき、親鳥もからを突ついてやる、このタイミングです。この言葉を聞いたときに思ったのは、それは稲盛さんだからできることだということです。

普通はそのタイミングがなかなか捉えられません。

稲盛さんの主宰する盛和塾に集まる塾生は、必ずしも優秀な人だとは限りません。稲盛さんの話をただぽかんと聴いているだけのような人もいます。そういう人が稲盛さんから学べることは、一生懸命働くことぐらいでしょう。稲盛さんの言葉には、実は、ある程度のレベルにならないとできないことも多いです。

稲盛さんがよく言われる言葉では、ほかに、「経営者というのはどんなときでも土俵際でうっちゃられる気持ちでいなくてはいけない。でも相撲は堂々と土俵の真ん中で取らなくてはいけない」というものがあります。これも真似ができるのなら、みんなそれなりの会社になっているはずです。

人事評価方法を公表

この業界で上場しようと考えている人も増えてきました。当社は業界に先がけて上場したこともあって、上場したいと考えている同業者から訪問を受けることもあります。その際、当社に来てもらえば、例えば、当社の社員評価の仕方や、数字の管理の仕方、給与の仕組みなどを全部、お見せすることにしています。

これらの数字は上場の際には必ず必要となるものです。欲しいという人には全部コピーして差し上げています。実際にこれまでに三、四社にご提供しました。

上場では会社の労働基準の遵守等が意外と重要視されます。残業がどうなっているか、そのときの労務管理の仕組み等です。そういう書類を、当社では四、五年かけて作ってきた実績があるので、それをご提供しているわけです。

社員の人事評価の仕組みについては、当社独自の評価表を作って行っています。この表も全部、差し上げています。

それで業界全体が良くなればいい、という考えで行っていることです。その上で競争して、当社はトップになろう、という考えです。

こうすることが、言ってみればエネルギーの源になるのです。自分の会社だけではなく、業界全体が良くならなければいけない、ということです。

常に競争しながら、正々堂々と頑張る。

こうした考えはやはり、稲盛さんが主宰する盛和塾に参加して、稲盛さんから直接、教えてもらったことです。

稲盛さんの教えは、私の今の経営哲学の根幹となっています。

稲盛さんの盛和塾に参加して気づかされたことがたくさんあります。

稲盛さんの話は、自分が悩んで頑張っているときでないと、ピンと来ないかも知れません。お経を聴いているように感じる人もいるかも知れません。しかし、自分が頑張っていれば、頑張っているほど、その言葉は心の中で響いて、勇気づけられるのです。

稲盛さんは、松下電器（現パナソニック）創業者の松下幸之助を尊敬していますが、松下から見たら京セラはひ孫請ぐらいの会社です。それでも稲盛さんがとても堂々としているのは、松風工業という会社を辞めて京セラを創業した三十一、二歳のときからずっと、正々堂々と頑張ろうと思いながら経営してきたからだと思います。

私が感銘を受けたのは、本にもずいぶん書かれている話ですが、会社がだんだん大きくなって工場に二百人ぐらい、ほぼ中堅企業となったころ、京セラが松下電器から値切り要請を受けたときの話です。

稲盛さんは製造部隊に何とか頑張ってやろうと言って、その要請に応えました。

稲盛さんは社員と飲むのが好きで、しょっちゅう飲んでいたら、松下電器の値切り要請で愚痴る社員がいました。それを聞いた稲盛さんは「それは違う。これで無理をして生産できたお陰で、安くて良い品質の製品を納めることができたのだ。これであちこちで売れるじゃないか」とみんなを叱咤激励しました。

話の正確な前後関係は忘れましたが、それで京セラは世界で勝負できる商品を作れるようになり、松下幸之助に手紙を書いたら松下幸之助が会ってくれました。この話にはすごく感銘を受けた記憶があります。

われわれのイベント・プロモーション業界でも同じように、電通、博報堂が広告業界では巨大で、われわれは下請、孫請けの立場です。でもそれで卑屈になることはない、堂々とやっていけばいいという思いが常にベースにあります。

だから泣き言を言わない。

景気が悪い、何が悪いと言っていれば、いつになってもうまくいきません。それはうまくいかない理由を探しているからです。そうではなく、うまくやるためにはどうすればいいかを考えなくてはいけません。

第4章

変革期の広告業界とイベント・プロモーション

激変期の広告業界

広告業界にはいま激変の波が押し寄せています。

商品を売るために、どんな方法の広告・宣伝が相応しいかという法則は、これまでこの業界には確たるものはありませんでした。例えば、十ある予算の中で六をテレビ向け、二を新聞向け、残りの二でプロモーションを行う、といった大ざっぱな配分が当たり前になっていました。この通りにやれば、そこそこ、ものが売れた時代があったからです。

日本の景気が底を這っていた二〇〇一年から二〇〇二年頃になると、そういうやり方は通用しなくなってきました。

背景の一つには、生活の多様化があり、国民の意識の多様化、海外と日本の商品の比重のかけ方の変化などがあるでしょう。

ものを売ろうと思っても海外で売れればいい。だから企業は日本にはお金をかけなくなりました。同じお金をかけるのなら、海外でかけたほうがいいということになりました。

加えて、商品の多様化、商品の短命化もあります。商品の短命化や多品種化は、言い換えると消費者、国民のニーズが多様化したということです。

広告はただ配分通りに乗せればいいという時代が長く続きました。これが〇一年頃から変わってきた。〇八年のリーマン・ショック以降、さらに急速にこの傾向が強まりました。

これはお客様、クライアント側の企業の側が意識をし出したからです。

しかし、商品を売るためのある種の算式は絶対に必要です。その算式を出してくれるところに仕事を出す、という流れになってきました。広告なら何でもいい、ということではなくなりました。

ある食品メーカーの話ですが、ＣＭをやらなくても売り上げが変わらなかった商品があったそうです。テレビＣＭをゼロにしたのに売り上げは変わらない。何もやらなくても売り上げが変わらないのなら、コストがなくなって助かるのだから、その後は何もやらなくなります。

それを示したら生産が増え、商売が増えるというような「方程式」があれば、お客様としてはそれは必要です。でもその前にいったん、ゼロに戻す。こういうお客様が増えてきているのです。

この結果、既存のお客様が既存の大手広告代理店に広告を発注するというこれまでの当たり前の流れに今、七割から六割メスが入ってきています。しかし三割から四割は既存の通りです。

「方程式」は、大手広告代理店のみならず、お客様も欲しがっています。ですが、その方程式が何であるのかは、大手広告代理店も、われわれイベント・プロモーション会社も、ネット会社も、まだかわからないのです。しかしその一番良い方程式を出しやすいノウハウが溜まっているのは、やはり大手の広告代理店です。

結論をなかなか出せない時代

大手広告代理店は規模が大きいし、お客様との関わりも深く、長い関係がありますす。だからお客様が何を望んでいるか、そのニーズをいち早くどこよりも判る立場に居ますから、そうしたノウハウが溜まりやすいのは当然でしょう。

方程式が見つからないために、必死になっているのは、もちろん広告代理店だけではなく、一番悩んでいるはお客様の企業です。

従って、われわれプロモーション・イベント会社の提案に対しても、お客様からなかなか結論がいただけないという話が増えています。

もちろん、提案に対してどういう効果が出るかは、やってみなければわかりません。だからなかなか結論が出ない、ということになります。以前は提案に対して一週間ほどで結論が出ることが多くありました。今は長いものだと二カ月たっても返答が出ないというものもあるほどです。結論が出ないのは、お客様も悩んでいる証拠です。

例えば、今まで十のお金を使って千売れていたものが千二百になるのなら、十は使います。だからその十をとても吟味するようになってきました。

これは、われわれ受け手側も、発注者側も、そうなりました。しかもわれわれ受け手側の忙しさは変わりません。結論が出ない一カ月の間にも、ここを設計変更したらどうか、ここを少し変えてみたらどうか、といったオーダーは来ます。何度も設計変更しても結局、やらないということもあります。お客様は費用対効果を的確に求めているし、ある意味では、お金を大切に使うようになったと感じます。これはこれからも続くと思います。

効果のないものに対しては、やはりお金を出しづらくなっています。世の中全体がそういう方向に向かっています。

例えばある自動車メーカーでは、広告費用の全体を見直して絞っていますが、そうであっても当社には逆に仕事が多く来るようになっています。ですからいいお客様の流れをどう見るかだと思います。大手の広告代理店が広告市場全体のシェアの三〇%、2兆円という規模で仕事を行っていますから、そこにきて全体の7兆円の広告費が一五%ぐらい、6兆や5兆8000億円といった規模に縮小するだろうと言われていますから、その影響はダブルで来ているでしょう。

無駄を止めて「知恵の出し合い」へ

もう十二、三年ぐらい前、一九九七、八年の頃の話ですが、ある外国の大手ファッション会社が、当時、年間1億円ぐらいかけて、ファッション・ショーを日本で催していました。年に三回ぐらい、一回3000万円ぐらいそのショーにかけていたわけです。

このファッション・ショーの狙いは何かというと、実は、何もないのです。その場で即売会などを行うわけでもないし、プロモーションに繋げていくこともない。ただ洋服をたまに買ってくれた人に招待券を配り、来ていただいてショーを見てもらう、というだけのものでした。それに1億円もかけていたわけです。

あるとき、そのショーのことについて、ある百貨店系列の方に聞いたことがあります。「なぜこのショーをやっているのか」と。そうすると、その方は「いや、いいんだよ、この会社はお金が余っているから」と言うわけです。私はこの業界はいつかおかしくなるだろうとこのとき思いました。こんな時代は長く続くことはないと思いました。

3000万円のファッション・ショーを三回やったら、少なくとも1億円以上の売り上げが出来るように即売会を行ったりするのは、当たり前の発想です。それなのにそのお客様である会社の社長さんは「いいんだよ、儲かっているのだから、そんな難しいことを考えなくて」と言うのです。当社の担当者までこう言うわけです。「川村さん、難しいことを言っても誰れも聞いてくれないですよ。ただきれいなモデルを並べておけばいいのです」と。

これは実際にあった話ですが、これに似たようなことがこの業界には今まで、いっぱいありました。その頃から私は、こんなことはおかしいと思っていましたが、当時、おかしいと思ったことが今になって、やっぱりおかしかったことが証明されるような状況に現実になってきています。ですから非常に、そういう意味でも、ここでどう頑張るかが大事だということになります。

ある意味で、今の日本の広告業には、広い意味での「ソフト」が入ってきている時代だと言えます。ソフトというのは、おおざっぱに言えば知恵と言えるものでしょう。知恵は機械をつくるのにも必要です。ここの違いでほかの国とも大きな差がつくところになるでしょう。

商品の技術やサービスというのは、どこの国でもある程度、似かよったものになるものです。これが成熟した社会になってくると、日本に限らず世界中どこでも「知恵の出し合い」というところに行き着きます。特に日本は先進国ですから、広告分野でもいち早く、その「知恵の出し合い」のところに突入したのだと思います。そう思うと考えるだけで楽しくなってきます。

インターネット広告

四媒体の広告が減っている代わりにネット広告が伸びています。ネットで流す広告のコンテンツはオーダーメードです。内容を変えたいとクライアントから言われたら、翌日には変えたものを出せます。従って四媒体とは種類が違う媒体だと考えたほうがいいと思います。だから、ある企業でテレビCMに使っていた広告費100万円が50万円になったからといって、残った50万円がネットに流れた、というわけではないのだと思います。お客様にとっては、同じ広告をただ媒体を変えて流しても意味はありません。

だからテレビでももっと頑張れば100万円のものが70万円になったのが、また75万円、80万円に戻るかも知れません。何もしなかったらどんどん広告費は削られていくでしょう。

ネット広告の良さは、消費者がテレビCMでは十五秒しか見られない商品を、三分も四分もじっくり見られることです。この違いは大きい。

インターネットの前身はペンタゴン（米国防総省）が開発したものですがパテント料は取られません。広告を流す時間が十五秒でも三分でも、制作費に違いはありますが、ネットの使用料は同じです。テレビ放送では十五秒枠と三十秒枠とではCMを放送する代金は六割も違います。どちらにお客さんが魅力を感じるかです。

ネットでも今は、どんどん動画を流せるようになりました。画像の質でもテレビ放送に負けなくなってきました。

変わる看板広告

インターネットが花盛りで、バナー広告を始めとするネット広告の市場も拡大してきました。しかし、お客様の側から見れば、ネット広告だけで仕事を出そうというお客様は限られています。

　ものを売るための一つの広告手段がネット広告ですが、このネット広告市場を金額的なボリュームで見ると、街中の看板広告に替わっていくだろうと言われています。看板広告は現在、約４０００億円市場と言われます。確かにこのところ看板広告には空きが目立ち「広告募集」という看板が目につきます。一つには、看板は広告料が高いということがあります。看板のスペース料がそもそも高いところに持ってきて、電気代の支払いでランニングコストも高くつきます。それに何と言ってもやはり最初の看板制作費が高いのです。例えば三《メートル》×六《メートル》のサイズで電飾のものだと２億円ぐらいかかります。

　どうしてそんなに高くなるのかと言うと、まずこのサイズだと、写真を引き伸ばすだけでも４００万円ぐらいかかります。看板のスペース料よりも、そういう初期制作費用が高いわけです。私は二十年ぐらい前から言っていることは、企業が看板広告を行うのはあまり意味がないのではないかということです。なぜなら、上を向いて歩いている人はあまりいないからです。

　車に乗っているときにようやく横をちらっと見るぐらいでしょう。高速だったら危なくてできません。

では看板広告が一番効果的な場所はどこか。実は人の目の高さ、地上から百五十〜百七十《センチメートル》が一番効果的だと言われます。ですから自動販売機に付けるのは効果的です。また駅中の電光看板や電車の中吊り広告は効果的だと思います。

一方で街中のビルの上などに立てる看板はほとんど意味がありません。だからいま、一斉になくなってきているのです。それでずいぶん、看板広告の空きスペースができていますが、それが全てインターネット広告に切り替わっている、と言われていますが、私はそうは思いません。

たまたま市場のボリュームが似ている規模なのでそう言われているだけだと思います。

インターネット広告は必要ですが、インターネット広告だけで動いている会社はありません。いっとき、消費者金融会社がインターネットでの申し込みを狙って広告をさかんに行っていましたが、今はそれもなくなりました。

当社のようなイベント・プロモーション会社でも、インターネット広告は必要ですし、実際にイベント・プロモーションの一環としてインターネットを活用しています。

従って、われわれがそういう会社に出資をさせていただくこともあるし、逆に向こうからもそういうアプローチがあります。

ネットとイベント・プロモーション

ネット広告会社としても、当社のようなイベント・プロモーション会社と手を組みたいということがあると思います。

ネット広告会社に対して、お客様から、リアルなプロモーションでは何かできるのか、という話になったとき、ネット広告だけでは提案ができないからです。その際、テー・オー・ダブリューと組んでいます、あるいは別会社で手掛けています、ということになれば、営業がしやすくなるでしょう。

いま日本で最も成功しているネット会社は楽天でしょう。楽天の母体はｅコマースですが、その先にはネット全体で商売をしていこう、という考え方があると思います。

だから楽天は旅行を始め、様々な分野に手を広げていますし、Infoseekなどのポータル・サイトの会社も傘下に収めました。ネットの考え方を広げようという楽天に対して、一緒に組みたいという会社は多いでしょう。

これは不思議な動きでも何でもありません。お客様に対して必要なものを用意する。その方程式がないのだから、いろいろな組み合せが出てきます。

だから、イベント・プロモーション業においても、今やネットは絶対、外せないツールになっています。

当社でもネットでの請負いの売上高が急速に増えています。例えば、ある商品キャンペーンでは、商品の申し込みはネットで受け付ける――といった使われ方です。当然、当社でもネットでは外注を活用しています。

これからのビジネスはモバイルも含めて、インターネットなしには考えられません。今やネットは当たり前のものになっています。

例えば、ある自動車メーカーで行った試乗会では、実際にユーザーからの応募は全て、ネットを介して行いました。終わった後の感想もネットで受け付けました。このほうがユーザーにとっても紙に書くよりも楽だからです。しかも集めたデータは次の会場ですぐに見ることも可能なので、主催者側にとってもたいへん便利です。

感想を記述式ではなく○×解答式にすれば、さらにデータの扱いが簡単になり、その後の活動にも活かせやすくなります。

これなどは一番分かりやすいネットとリアルの結合例です。

ネット上で、次回の試乗会はこうなります、と発表されると、試乗会に参加したユーザーは自分の感想の意見が反映されたのだなと思い、ユーザーとメーカーとの距離感はたいへん縮まります。

イベントが一過性で終わるのではなく、終わった後もいろいろな付帯的な新しい取り組みに繋がっていきます。これは自動車に限らず、様々な展示会でも活かせるものだと思います。

来ていただいた人にアドレスを聞き、さらに感想を寄せてもらう。感想をもらえれば、今度は主催者側からアクションを起こせます。こうすれば、展示会を見たきり、催したきりではなくなります。リアルなイベントが、そのタッチポイントの接点だけではなく、その時間をもっと密にすることができます。ネットによって、より親近感を持てることができるようになったことはたいへん大きな変化です。

そういう使い方を、各社が行っています。感想や意見をもらうだけではなく、主催者側から何かのお知らせを発信することもできます。メーカーだとサンプル品や、別のキャンペーンのオーダーを受け付けたりすることもあります。その送付のために、今度はユーザーの住所などの情報も得ることができます。

ネットだと、お客様がお断りをしたいときにも、割と「ノー」と言いやすいことも利点でしょう。それによって、お客様との距離感もわかる、という副次的効果もあります。

メーカーにとっても利点なのは、メールはほぼ無料である、という点です。登録をしておけば一斉配信が可能ですし、動画も送れます。

技術の発展でたいへん便利になりました。

クライアントが選別する時代

九一年、九二年の頃、日本のバブルがはじけたときは、新聞広告が激減しました。電車の中吊り広告もポツポツとしか入らない日が続き、駅の広告も半分近く空いている状況が続きました。新聞広告が少なくなった上に、折り込みチラシも見かけなくなり、配達される新聞がとても薄かった記憶があります。

今は景気が悪いと言われますが、どうでしょうか。折り込みチラシは毎度どっさりと入っています。定番のマンション・不動産以外にも、自動車の折り込みも増えています。化粧品のように、これまで折り込みチラシをやっていなかった業種のものも出てきています。

中吊り広告はどうでしょうか。どこもびっしり入っている状態です。これはお客様が広告を選別し出した顕著な表れだと思います。従って総広告費が減ったから大変だという時代は九二、三年のときに終わったのだと思います。

ネットがあるから折り込み広告が増えている、ということもあります。そういう相関関係が出てきています。

広告ではまず、人目に触れることが大事です。広告業界ではこれをタッチポイントと言っています。平たく言えば、どこで最初にその会社のことを知ってくれたか、ということです。その最初のきっかけはネット・サーフィンであったり、あるいは何となく駅の看板や中吊りを見たという人もいるでしょう。テレビのCMを観たり、新聞の折り込みチラシから、という人もいるでしょう。入り口はどこでもいいわけですが、最終的には多くのユーザーに対して、自社のたくさんの情報に接点を持ってもらいたい。これが今はたいてい、ネット上の自社のホームページであることが多くなっています。

自分の企業のホームページかもしくは、その商品のホームページに最終的に来てもらう。そうした傾向がとても強くなりました。それはユーザーにとってても楽だからなのでしょう。ケータイやパソコンでクルマの型を見るのはチラシを見るよりも見る甲斐があります。

チラシでは一つのクルマにせいぜい三、四枚しか写真が載せられませんが、ネットでは一車種で内装から何からいろいろな写真を見ることができます。チラシよりも遥かにそのクルマのことは分かります。しかもアクセスした人のログが残るので、今度はホームページを見ていただいてありがとうございましたというお礼のメールを出すことも可能です。さらに今度、試乗会にお越し下さいといったご案内を送ることができます。

これは広告業界に限らず、キーワードは「知恵」ということです。

ビジネスチャンス

自分が目標にしている会社は、この業界にはありません。

敢えて言えば、大手広告代理店が古いビジネスモデルを温存していると感じるので、これはビジネスチャンスだと思うことは何回もあります。それは今でもそう思います。

大企業が古いビジネスモデルに固執しているのは、ベンチャーにとってはビジネスチャンスがあるということです。

テレビ放送局も変わり始めています。テレビ局がテレビの放送だけを行う時代はとっくの昔に終わっています。

例えば、有名なドラマで結婚式をスタジオ・セットで作ったら、撮影が終わればあとは空いているのですから、ブライダルの会社と組んでみる。そうすれば若いカップルがセットの前で記念撮影などに使えます。友だちを呼んで二次会のパーティなどにも使えます。こうした試みは大手の中ではフジテレビが進んでいます。既存のテレビ局の発想に固執していません。

「半歩先」

プロモーション・ビジネスはプレゼンテーションで相手から認められるかどうかが勝負です。

簡単に言うと、一歩進むと認められないこともあります。要するに「半歩」先を行くことが肝心です。

われわれの仕事は特定のスポンサーからお金をいただいています。企業も、最終消費者も、一歩進んだものでは理解されないことが多いのです。

例えば、十年前には携帯電話がこれだけ普及することは誰もわかりませんでした。

「自分のアイデアは良いアイデアだ」と主張しても、確かに進んだ良いアイデアかも知れませんが、わかってくれる人が少なかったらそれで終わりです。それは結局、商売としては良いアイデアではないわけです。

芸術家ならそれを言い続ければいいですが、商売ではそうはいきません。これを誤解している人がこの業界には多いと思います。

例えば、缶コーヒーのプロモーションです。缶コーヒーをよく飲んでいる人はどこにいるのか。これはだいたい、データがあります。甘いものが好きな人が寒い地方に多い、ということも分かっています。

商品によっては、甘さが地域によって違うものもあります。そうした細かい調査も大手メーカーは徹底して行っています。

例えば、タクシーの運転手さんが飲んでいるのは甘いものが多いとか、六十歳以上になるとすっきりした飲み物の方が好まれるとか。都内のタクシーの運転手さんが休憩する場所はどこかも把握しています。ですから、その場所に自販機を置いたり、サンプリングをしたり、提案するべきこともたくさんあるはずです。

そういうマーケティングをきちんとやっていくと、お金を出す方も「なるほど」と納得してくれます。

ところが、この提案が少し行き過ぎて、ではタクシーの運転手さんの健康を考えるとこんな商品がいいとか、分かってもいないことに理屈をつけ出すようになるとこれはもう受け入れられなくなります。

こうしたことは、何に対しても言えることだと思います。

ある若い人向けの雑誌を出している社長と話したことがあります。その人はあまり先に行き過ぎた企画だと失敗する、と言っていました。やはり一般大衆が付いてこられるものでないと売れないということです。

マスから個へ

いまマス・マーケティングが衰退している大きな理由は、好みが多様化して、好みの対象の数が増えてしまったからです。ですから、十把一からげでものごとを捉えて論じることができなくなってきたことは、はっきりしています。

同じコーヒーを売るのでも、今はこういうものが好まれているけれども、東北地方では例えば甘いものが好まれるからもう少し甘い商品を増やすとか、地域の特性などを細かく見て、縦軸と横軸を掛け合わせて考えていかなければいけません。そうすれば、どんなプロモーションをするべきなのかが自然とわかってきます。

全国ネットのテレビCMなどのマスの広告媒体では、こうしたプロモーションはできません。だんだん、マスの広告では消費者を囲いにくくなってきているのは間違いありません。

われわれのプロモーションは、百個あれば百個全てがオーダーメードです。

インターネットの普及によってネットも重要なプロモーションのツールになってきましたが、われわれの仕事の仕方は、例えば、ネット広告だけを請け負うということはしません。

例えば、ある飲料をプロモーションしたいときには、例えば、売り場ではボトルキャップにおまけを付けて、そのおまけもこの時期には「油取り紙」がいいとか、ここを剥がすと当たりが出ますとか、応募はネット経由で行い、ネットにはこういう広告を出しましょう、というようにワンセットで請け負います。

われわれの勝負は全て企画です。だから世の中の景気、不景気に関係なく、良い企画が出せれば、お金は付いてくると思います。

本来、仕事はどこにでもあるはずです。良い提案をしなければやはり、仕事もなくなります。

だからこれからはますます、知恵を出していかなければいけない時代になると思います。

知恵で勝負

景気の波に関係なく、良い企画の提案をできれば、仕事は必ず出てきます。よい企画を提案できなければ、仕事もなくなってしまうでしょう。

これからはますますそういう時代になります。勝負はやはり知恵です。

今の世の中にはモノが溢れ、何でも飽和状態にあります。ただ商品を出せばいいというものではありません。商品の使い方、商品を使った楽しみ、そういうことを含めて伝えていくことが大事です。その楽しさを理解させるために知恵を絞ることが必要です。

ただ値段を安く売っていくだけでは、企業は短命になるでしょう。消費者は10円のものが8円になれば、そのうち7円になるだろうと思い、安さの追求になっていくだけです。これではモノをつくっている会社は成り立ちません。ですから、ここは企業の頑張りどころです。

当社は現在、わずか140、50億円の売上高ですが、経常利益は14、5億円を出しています。それを見て発注元から「一〇%も利益が出ているならもっと安くしてくれ」と言われますが、当社としては、いっぱいいっぱいでやっていますから、これ以上は安くできませんと断ります。それでも仕事は回ってきます。それは、それだけ知恵を絞って良い企画の提案をしているからです。

社員によく言っているのは、自信を持って仕事をしていれば必ずまた仕事の発注が来る、ということです。「こんなこと先方から言われてしまったので、仕方がないのでもう少しまけましょう」などと言って仕事を受けていたら、会社の業績はだんだん悪化していきます。

代理店に出向いては説明

今では企画のチームを持つ同業者は、年間売上げ規模が20億円ぐらいの会社でも何社か出てきています。以前は同じ人が企画をし、制作も行っていました。

当社のように、企画の人が提案して、違う人が制作に入る、というやり方は画期的でした。

最初はしかし、お客様から「何で違う人に変わるのか。逃げるつもりか」と誤解されました。私自身が朝に昼に晩に、代理店に出向いては頭を下げて説明をしてきました。「こういうやり方で仕事をした方が、必ず、御社のためになります」と。そんなことを百回以上はやったかも知れません。それで漸く話を聞いてくれるようになりました。

企画のノウハウが貯まってくれば、クライアントからの発注が必ず増えると言い続けました。実際、そうなりましたから、このやり方は間違っていなかったのです。今ではクライアントから「企画の人を呼んでくれ」と言われる時代になりました。

少し景気が傾くと、企業や公共団体は広告宣伝費を始めとする予算を絞るのは当たり前になってきました。しかし予算をカットした中で、従来と同じ広告宣伝効果を出したいという欲張りな要求は増えています。そのためにイベント・プロモーション分野でも企画コンペなどが行われるようになっています。少しでも良い企画が求められています。

今、当社の企画の人数は全社員数の一五％にのぼります。彼らは一人当たり年間百本ちょっと、全体で二千四、五百本企画を書いています。この企画が大きな武器になることは、九四年のときから見据えてきました。

広告代理店の方たちも、場合によってはクライアントの方たちも、今では、企画の専門チームがあると便利だと言ってくれます。

例えば、お客様の担当者が代わると、後任に引き継ぎ事項を伝言しておかなくてはいけません。そのときの引き継ぎがうまくいっていなかったり、お客様との打ち合わせのときに企画書に載っていないものが出て来たりすると、発注者側にはたいへんな不便をかけてしまいます。企画の専門チームがいればこうした不便も解消できます。

組織を明確に分ける

人は時間が掛かっていたものでも慣れてくると速くこなせるようになります。企画チームを作り、専門化したことで、当社にとっては企画書を作る時間がずっと早くなりました。そうなると発注するほうでもだんだん便利に思うようになってきます。今まで徹夜してでも一週間かかっていたものが、三日もあればそこそこのものが上がってきます。

一つ問題になったのは、企画立案の仕事がないときは、やることがなくなり、企画チームの人が夕方五時ぐらいから暇になることです。一方、制作の人は相変わらず夜の十一、十二時まで働いている。そういうことで社内が分離します。これが会社の中では大変です。

最初、ある役員が言ってきたのは、企画チームの最初の四人はもともと制作も出来る人だったので、企画の人にも三本に一本は制作をやらせたほうがいい、ということでした。そうしないと社内に不協和音が起きると懸念していました。

私はしかし、当時三十人ぐらいの会社なのだから不協和音など日常茶飯事だと思っていました。だから私は「暇なやつは帰れ」と言いました。暇そうにしていると目立つし、忙しい社員には疎ましいのだから、早く帰せばいいだけのことです。営業時間内でやることがない企画の人には「掃除をしろ」と言って掃除をさせました。

なぜ役員の言ってきたようにさせなかったのかと言うと、企画の人が三回に一回制作をするようになれば、そのうち一回が二回になり、間違いなく三回ともになります。そうなると、企画のチームを専門で作った意味が全くなくなってしまうからです。

結局、その役員は初めからそんなものは無理だと頭の中にあったのだと思います。組織に明確に線を引いたことが、うちがうまく行った理由だと思います。

勝率四割のチーム

実際のことですが、当社には生産チームが十八チームあり、そのうち企画チームが三、企画以外のチームが十五あります。年間に当社が書く約二千三百本の企画のうち、ほぼ八割は企画チームが書いていますが、実は、企画以外の十五チームも企画を書いており、営業マンが企画と一緒になって書きます。

当社は六月決算ですが、十八の生産チームの二〇〇九年第1四半期（七～九月）の状況を見ると、この不景気でも、良いところでは勝率が四〇％を超えていました。世の中では今、勝率は一〇％から一五％が標準だと言われています。それが当社では四〇％を超えるチームは何と二チームもありました。

ところが残念なことは、勝率一〇％台のチームも四つあったことです。一〇％という低い勝率は金融不況の始まる〇八年以前にはなかった現象です。やはりそれまで世の中に仕事が溢れていたのだと思います。

ではなぜ今は勝ち組と負け組に分かれるのか。会社全体としては勝ち組に入れさせていただいていると思いますが、社内のチームで勝ち組と負け組に分かれてしまう。

負け組のチームは結局、お客様のニーズをきちんと理解していないで提案しているからなのだと思います。

例えば、冬場は缶コーヒーが主戦場となりますが、その販促キャンペーンの企画を提案するとき、珈琲のことをよく勉強しているか、いないかです。

今、コーヒー市場の全体の状態がどうなっているか。缶コーヒーと、街のチェーンのコーヒー・ショップの状況がどうなっているのか。消費動向がどうか。どういう味のものが好まれているか。それに加えて、その会社がコーヒーに対してどういう戦略を持っているか。A社とB社のコーヒー戦略がどうなっているか。

少なくともそういうことを勉強していないで、ただ先方からオリエンシート（指示書）だけを受けて企画を持って行っても、それでは的を射た提案にはなりません。そういうチームは勝率が低くなるのです。

こういう時期ですから、百ある仕事は間違いなく八十に減っています。仕事が百あったときは勝率が悪くても発注を受けられました。それは仕事が多い時代だったから発注者側も「まあこのへんで仕事をあげようか」ということで仕事を出していたわけです。そういう発注者のお情けに頼っていたところはてきめんに勝率は落ちます。

四割を超すような、信じられないほど高い勝率のところは、普通の会社は十本に一本しか勝てないと言われているのに、二本に一本勝っているということです。そういうチームが出す企画は、クライアントとなる企業を徹底的に研究し抜いた提案になっています。

事細かに指示を出す

当社は営業の人も、企画の人も、よくミーティングをします。クライアントから「適当にやっておいてくれればいいです」と言われて仕事が発注されるようないい加減な仕事をやっていません。企画の人が、お互いに、この商品の状況はどうなっているか、と真剣に議論します。

クライアントからオリエンシートをいただきますが、このオリエンシートの行間を読めと言っています。オリエンシートに書いてあるのはポイントだけです。それ以上に、その会社の特性を知り、業界の特性を知ると、実はこのオリエンシートはこうい

女性社員による企画会議

うことを言っているのだな、ということがわかってきます。

勝負はそれを的確に企画書としてアウトプットできるかどうかです。

四〇数パーセントのチームと、一〇何パーセントのチームでは勝率は三倍の開きがあります。だから一〇何パーセントのほうは辛い。

同じだけ仕事を取ろうと思ったら、今より三倍の企画を出さないといけません。しかし量を増やせば質は低下します。そうなると同じように働いているのに、なかなか成果が上がりません。完全に悪循環です。

勝率が低いのは、アイデアの根本の

ところで、初めから方向性がずれている問題があります。だから何回企画を出しても負けてしまうのです。ただ企画を多く出せばいいと思っているから、なおさら負けます。それでも仕事はいつもしているから忙しいように見える。これが悪いほうの実体です。

そうやって悪い部分は、はっきりわかっています。だから後は、企画を出す前に、負け組チームの方向性をどれだけチェックできるかです。彼らのミーティングに実際に役員が出て、着実にいい方向に向かうように手を入れ、改善をしています。

物事をよく考える。不況下では特にそうしなくてはいけない。そのことを理解している人も、漸く社内で増えてきています。

クライアントよりもクライアントのことを知っている。それぐらいがちょうどいいのです。

最後はクライアントが決裁を出すのですから、同じ提案書でも自分のことをよくわかっているものと、そうでないものとでは、どちらに仕事を発注するかは言うまでもありません。初めから勝負は見えているのです。

営業会議では私自身、事細かに話を聞いて、細かい指示を出しています。

社員から話を聞くためには、会議体をいろいろ増やすのではなく、月一回しかない営業会議でも全てのチームの話を聞くようにしています。

私の指示は子細に及ぶので、最大でも一日五チームしか見ることができません。朝九時から会議が始まり、ひどいときは六時間かかります。負け組チームの話を聞くときは指示もたいへん多くなります。

例えば、この商品についてのミーティングをいつするのか、どういうミーティングをしたのか、レジメを作れ、ということまで細かく指示します。

負け組チームだと指示が増えるので九時から午後三時までかかりますが、出来の良いチームは午前十一時には終わります。

きちんと指示を出し、それを着実にこなしたら仕事が取れた、という感覚を身に付けると、仕事はだんだん面白くなり、ダメだった人も頑張るようになります。

お客様通になる

勝率四〇何パーセントのチームは、当たり前ですが、働く時間も短くて済むので、早く帰宅します。数字も良いから賞与もたくさん出ます。ところが勝率一〇何パーセントのチームは働く時間が長い、数字も悪いから精神的にもめげ、ボーナスも低くなります。だから的確にアドバイスをして、お客様の特性を知り、それをアウトプットすることを身につけさせる必要があります。

九四年に当社が初めて企画の専門チームを作ったときより、仕事をやりやすくなったことはたくさんあります。一つにはインターネットの登場が挙げられます。インターネットが無かった時代は、お客様のことを調べるのだけでも、ものすごくエネルギーを取られました。

今は、お客様のことを知ろうと思ったら、例えばお客様のホームページから始まり、上場企業ならば有価証券報告書から何から、無料で見ることができます。過去にやったイベント一覧というものまで、大企業ならばネットで見ることができます。

コーヒー業界がどうなっているか、調べようと思えば、全部ネットで調べられます。

昔は、何とかサービスに何万円も払ってデータを取り寄せたり、新聞の切り抜き検索を頼んだりしなくてはいけなかったのでたいへんでした。

今はやる気さえあれば、いつでもお客様の情報通になれます。プレゼンに行ったときも、それをセールストークとしてこなして使えれば、どこのお客様だって、自分の会社のことをよく知ってくれていれば嬉しいものです。

チーム方式の有効性

当社の社員の平均年齢はいま、三十二歳ぐらいです。二〇〇〇年から定期採用を始め、二〇〇〇年に定期採用で入った人が今、漸く三十一、二歳になります。

十五のチームは一チーム四人から十人ぐらいで構成されます。そのチーム・リーダーのうち八人は二〇〇〇年以降に定期採用で入った人です。だからいかに当社は若い会社かということがわかります。

一番若いチーム・リーダーは三十二歳。若いときから自分のチームを背負っています。

このチーム方式は、ミニ経営者のような感覚を植え付ける上で、とても有効だと思います。チームの上は取締役しかいない、というすっきりした組織です。

課題はチームを束ねる役員です。業績とともにチームが増えていきますから、役員の負担も増えます。とりわけ当社は代替わりを考えて〇九年に私が会長になったので、負担はさらに増えました。

十八チームが十五の生産チームと三つの企画チームに分かれていますが、その十八が三本部に分かれています。〇九年に、第一本部長だった秋本が社長になり、副社長の真木が第二本部の本部長をやめたので、本部長二人が同時に変わったために、今の本部長のところが力不足になっています。だからチームを掌握し切れていないことがあります。

放っておくと、勝率四割のチームと勝率一割のチームが同じ会社に混在したままになってしまいます。それ自体がおかしいことです。この不況期でも勝率四割があげられるのなら、勝率三割があっても良いはずです。だから少なくとも勝率一割のチームは三割近くには勝率を上げて欲しい。

それが勝率一割二分、三分というのでは、上でまとめている役員も責任は重大です。

プランナーズ・スクール

「TOWプランナーズスクール」という学校を二〇〇〇年から始めています。二〇〇〇年の頃、売上高はわずか59億円ぐらい、経常利益も5億円ぐらいのとき、2300万円ぐらいの予算をかけてこのスクールを始めました。

これは現在でも、半年に一回開いています。

遠い人では、北海道から来てもらっています。南は九州から来られます。毎週、土曜日に開き、受講料が一回2500円、一カ月で1万円もしますが、全国から熱心に集まっていただいております。

土曜日にしたのは、平日仕事をしている人でも参加できるようにと思ったからです。半日かけて、昼の十二時から夕方六時ぐらいまで、講義を聴きます。講師は例えば、作曲家の服部克久さんや三枝成彰さんなどにも来ていただきました。服部さんや三枝さんは音楽系のイベントを行ったりしているからです。そういった業界に関係する著名人に講師をお願いし、話をしてもらいます。

受講者は、三対七の割合で学生よりも働いている人の方が多くなっています。二十七、八歳で就職をしているけれども「今の仕事に役立たないかな」と考えて参加した人や、何か今の仕事が納得できないという人も来られます。

実は、当社の二十一人の企画担当者のうち、十六人つまり約八割はこのスクールから採用した人なのです。

これはもともと、そういう狙いで始めたスクールです。

イベント・プロモーションの企画に興味がある人が、わざわざ半年間、休みの土曜日が潰れるのに勉強しに来るのですから、参加する人はまず、この仕事にとても興味を持っていることはわかります。

そうやって半年間、このスクールに参加してもらい、最後は卒業試験として実際にイベント・プロモーションの企画書を書いてもらいます。テーマと一定の条件を決めて、例えば条件は「東京都内で実施」などと決めて、ある商品について、これをこの条件の下で、どういうキャンペーンを行えば売れるか考えてみましょう、といった形の試験です。全く実践そのままの企画提案です。

この試験を受けてもらえば、その人の企画力のレベルもわかります。

プランナーズ・スクールは、当社の会議室で行い、講義では当社のリーダー・クラスの社員も何回か講義をします。従って、半年経つと、まず受講者の方に素養があるかどうかを、当社としては的確に知ることができます。

それと同時に、受講者の方も、当社がどんな会社かを半年間でよくわかっていただけると思います。

言い方を替えると、われわれとしては、ちょうど半年間かけてお見合いをしている、面接をしていることになります。

だからここから当社に入ってきた人は、なかなか崩れません。レベルもある程度高いし、自分のやるべきこともよくわかって入社するからです。

プランナーズ・スクールはほぼその狙い通りの成果が上がっていますし、当社にとってはリクルート面で非常に良いツールになっていると思います。

二〇〇〇年から始めて、現在も続けています。この取り組みも、私としてはイベント業そのものにもっとスポットを当てて、世の中の人から認めてもらいたいという考えもあって始めたものです。当社が上場できたときにもう一回、世の中に対して訴えかけたい、という思いがあったからです。

水を得た魚

プランナーズ・スクールを出て、当社に入社した十六人の中で、新卒は一人か二人で、あとの人たちは今までいた会社を辞めて当社に転職した人です。

珍しいところでは、三十二歳までイベント企画とは無縁の世界、言ってみればこの分野はズブの素人だった人がいます。その人はそれまで、テレビの構成作家をやっていましたが、「今やっている仕事は何か違うな」と思い、当社が出した新聞広告か何かを見て応募してきたそうです。今はもう三十五、六歳となり、たいへんな戦力になっています。というのは、新卒で入るよりも十年ぐらい遅れてこの業界に入ってきたので、本人はたいへんなハンデを背負っていると感じて人並み以上に頑張っているからです。

一方、学生だった人がプランナーズ・スクールで学んでから当社に入社した人は、わずか二、三人ですから、学生の頃からいかにイベントなどの企画を立てることが好きだったかがわかります。いずれにしても当社に入る人は、本当にイベント・プロモーションの企画の仕事が好きな人なのだと思います。

自分が本当にやりたい仕事、好きな道に入れたのだから、それこそ水を得た魚のごとく、とても喜んで仕事をしていることが、その頑張りぶりから伝わってきます。逆に今度は、帰宅するのが夜遅くになりすぎるとか、体を壊されてはと困る、といった別の問題がいろいろ出てきます。

やっとのことでイベント・プロモーション企画の仕事に就けた人にとっては、今まではただ企画を立てることが好きだっただけなのだけれども、今度はその作った企画をお客様が良いと思って実際にお金を払って採用をしてくれることになります。実際に採用されると、それは自信に繋がります。そして展示会やキャンペーンの現場で実物になったものを見に行ったときの喜びはひとしおのようです。

紙に書いたものが何千万円ものお金で契約され、それが実物となって出来あがる喜びというのは、経験した人でないとわからないでしょう。

企画の人がかわいそうなのは、お客様との直接の接点が少ないことです。それだけに、会場などでお客様の会社の幹部から「あなたが考えてくれた企画なのですね」などと声をかけられると、本当に感極まって涙を流しています。

企画の人が現場に実際にできたものを見にいくことは、企画の人にとってはたいへんなプラスになると思います。イメージをして紙に書いたものと、実際にできたものとが完全に同じであることはありませんから、実物を見て、また一般のお客様の反応を見て、「ここはこうした方がよかった」と反省をすることができ、次の企画に活かすことができるからです。

そうやって試行錯誤を繰り返しながらさらにいい企画作りに磨きをかけていく。好きな人にとっては非常にやり甲斐がある仕事だと思います。

イベント・プロモーションの企画は、アイデアがなかったら一朝一夕に書けるものではありません。当社が広告代理店に持っていったアイデアでも、クライアントからそのアイデアを採用されなければ、当社も広告代理店も商売はゼロ、ということになります。

不景気になると、クライアントから広告代理店にもプレッシャーがかかっていますから、当社に対しても広告代理店からさらにプレッシャーがかかってきます。「おたくの企画がダメだから採用されませんね」と。

そういう意味では、広告代理店とイベント・プロモーション会社は運命共同体です。だから一緒になって頑張らなくてはいけません。

不況の時期には、こういう仕事が嫌いな人、向いていない人にとってはたいへん辛いものになるでしょう。だから以前からそれがわかっていたので、この仕事に向いていない人は会社には入れないように心がけています。ところが、この仕事に向いているかどうかは、卒業予定の学生を三、四回ぐらい面接しただけではなかなかわかりません。面接では本人もありったけの熱意で「是非この仕事をやりたいのです。やらせてください」と言いますから、その場ではとてもこの仕事が好きなのだということはわかります。しかし、学生のときに文化祭か何かで少し、イベントの企画を立てて成功したぐらいでは、本当にその人がイベント・プロモーションの企画の仕事に向いているかどうかはわかりません。
何としてもこの仕事に就きたいと言って当社に入ってきても、本当の仕事ではイベント・プロモーションの企画のことばかりを毎日毎日、考えなくてはいけないのです。中には長く続く人もいますが、逆に仕事が嫌いになっていく人も多いでしょう。イベント・プロモーションの企画立案の仕事というと、一見派手そうに聞こえますが、実はたいへん地道な作業を伴う仕事です。ずっとワープロを打ったり、パソコンで描いていかなくてはいけないのですから、そういう作業が嫌いな人には一日でも務まる種類の仕事ではないと思います。

適材適所

当社のプランナーズ・スクールのような試みを、大手の広告代理店でも始めています。博報堂は、社内外から生徒を募集して、平日の夜にスクールを開いています。電通も同じようなことを始めています。

広告代理店のスクールは社員研修の延長のようなもののようですが、今までの社員研修とはやり方が違っています。社員研修は普通、同じ部署の人を集めて研修をしますが、このスクールでは組織に横串を刺して、違う部署同士の人を集めて行っています。そうすることで、今まで見えなかった社員の適性を改めて発見することが狙いにあるようです。たとえば自分は今まで営業に向いていると思っていたけれども、本当は制作のほうが向いているのではないか、というように。そういった社員の適性の判断を、今までは直属の上司しか行っていなかったわけです。それで本人の実力を一〇〇パーセント引き出せていたのかどうか。

社員の適性を判断して適材適所に人材を配置することは、いま日本の企業にとって大きな課題になっているのではないかと思います。大手の広告代理店ではそのような動きになっています。本人の希望をよく聞き、適所に配置換えをする。

社員の適性を判断して、その並び替えだけで会社がそれ以前よりも儲かるようになるのであれば、それに越したことはありません。

当社でイベント・プロモーションの企画の仕事が本当に好きで働いている人は、私が心配しているのに家にも帰らずに「これはどうしても明日までにやっていきたいんです」などと言って仕事をしています。その仕事が嫌いな人に「これを明日までにやっておくように」などと上司が命令をしたら、たちまち労基違反問題になってしまいます。その仕事が好きな人と嫌いな人とでは、それぐらい差があるわけです。

プランナーズ・スクールを始めた理由は、そんなことが何となく私の頭の中を巡っていたからです。スクールを実際に始めると、こうしたことはより一層明確になりました。

わが社のファン

プランナーズ・スクールを始めてうれしく思うのは、スクール卒業生の同窓会があることです。

第一回卒業生、第二回卒業生、第三回卒業生、合同同窓会などが開かれました。同窓会には卒業した人の半分ぐらいが集まります。

3000円ぐらいのお弁当を食べるぐらいの、こじんまりとしたささやかなものですが、同窓会には会社も援助をしています。久しぶりに集まって卒業生同士が「今どんな仕事をしているのか」と語り合っています。

卒業して年月も経っていますから、二十五、六歳で卒業した人も三十歳となり、三十五歳となっています。そして当社だけではなく、いろいろな会社に散らばっていますから、この方たちは当社にとってはたいへん貴重な宣伝マンになってくれていると思います。こうやって一人でも多くの会社のファンを作っていくことは非常に大事なことだと思います。

そして同期の中には必ず一人か二人、多いときには三人は当社に入社していますから、同窓会で久しぶりに集まって社員になった人に「この会社に入ってみてどうか」と聞かれることもあるでしょう。「いやあ、入ってみるとなかなか大変だよ」と、いろいろ話も出るでしょう。しかし、そうやって社内と社外との交流を図ることは、企業にとって大事なことではないかと思います。

第5章

逆境に立ち向かおう

日本に足りなくなった「頑張る人」を作る

普通に経営をやっていく目で見れば、今は大変な状況には違いありません。しかし、もう少し視野を広げて見ると、これは必要なことだと思えるようになります。

ご存知のように、日本のモノ作りの中心を担ってきた自動車産業では、その生産現場では、何銭という単位でコストダウンを日々行っています。片方で、その広告やプロモーションにおいては、発注者が莫大なお金を出して広告や宣伝を打っています。それだけのお金を使っていながら、前述の食品メーカーのように、効果がまるで無かったというのでは済まされません。

だからやはり、この分野にも、モノ作りの現場と同じように、コスト意識が徹底してきた、ということなのです。

それだけに、われわれも頑張らなくてはいけないと改めて思います。

このところ、日本には頑張る人が減ってきたのではないかと感じます。何か、楽をしてもいいのではないか、と考える人が増えているのではないか。

日本のＧＤＰ（国内総生産）が十年前とほとんど変わっていないのは、それは頑張っている人が、周りを見ても少ないのですから、当然のことです。

頑張ることが喜びにつながる――。そういうまともな志向の社員が増えれば、仕事も増えていくだろうし、お客様も喜んでくれます。これは社内でもよく言っていることです。

世の中に、うまい話などというものはありません。うまいこと良いお客様をつかんで後は堂々とアグラをかいていられると考えるのは全く愚です。

知恵を出して頑張り、お客様のために考え、それが楽しい。お客様も喜んでくれる。こうした当たり前の関係を作っていかなくてはいけません。

ライブドア事件など、いろいろな問題が起きて、ひと頃はベンチャー企業経営者の存在感が薄くなりました。しかし最近は、ピリッとしている人たちがまた増えて来ているように感じます。

もう一回、頑張ろうという人が自分の周りの経営者の中にも増えてきています。特に、創業経営者の中にはそういう人が多くいます。

私ぐらいの年齢の創業者の中には、私と同じように、いったん会長になったのに、もう一回頑張ろうと、また現場に戻って、社長のような仕事をしている人がたくさんいます。

代替わりをするためには身を引いたほうがいいのでしょうが、単純に身を引くのではなく、身を引きながら代替わりをし、且つ仕事もしよう、という欲張りな考えです。だから、そんなに簡単にいくようなことではありませんが、そういう難しい選択肢でも敢えて選んでいこうという覚悟です。そういう覚悟がなければ会社は伸びないのではないかと思います。

社長みずから第一線で新規開拓の営業

前に述べたように会社をたたもうと思った後再び奮起してからは、お客様の開拓も自分が行うようになりました。二〇〇三年ぐらいまでは自ら第一線に立って営業を行ったのです。担当役員として営業を統括するのではなく、第一線の営業です。

例えば、テー・オー・ダブリューのお客様に関しては、一九九五年までは博報堂との取引が九〇%以上でした。電通とはほとんど取引はなかったのです。

そのため最初は主に、電通やその子会社の電通テックなどの新しいセクションの部長クラスの方に対して、自ら出掛けて行き、「会社の説明を行いたいので部員の方を何人か集めて下さい」というような交渉を行っていました。そして集まっていただいた部員の方たちの前で自ら説明を行っていました。

役員などとの会食を行いながら、片や現場の第一線の部長クラスの方にそういう話しをしていました。だから先方から具体的に、こういう商品のキャンペーンをやりたいといった仕事の依頼の電話も私にかかってくることがありました。そういうときは自分が担当者と一緒に出掛けて最初に少し話をして後は担当者に任せるということもよくやっていました。

テー・オー・ダブリューが上場したのは二〇〇〇年ですから、上場してから三年間ぐらいまでは、そんなことをしていたのです。

その後は少し、代替わりを意識して現場からは徐々に遠ざかるように意識してきました。

トップが現場に同席する効果

そんなことでここ数年は現場から離れていましたがごく最近、〇九年十一月頃から再び、お客様の部長クラスと当社の社員が会う際などには、相手のお話を聞くようにしています。

というのも、やはり仕事は現場からテコ入れするのが一番速いからです。

トップが現場に出ることがなぜ大事か。そうしたトップの行動が方々に波及するからです。私のような創業者がそこまでやっているのか、ということで、ピリッとした空気がまず社内に波及します。そうすると、その空気はお客様にも波及します。創業して上場までしたのに、ここまで具体的な案件の話を聞いて社員に指示を出しているのか、ということがお客様にもわかってもらえます。

社員からはここまでやってくれたのだからと、その後の頑張りに繋がる人が増えるし、お客様も、トップが出てきてまで一生懸命やってくれるなんて有り難い、という話になります。どう転んでも良いことにしかなりません。

そんなに良いことなら、ほかの会社でもみんなやればいいのに、やらないのはなぜか。やはり、それは面倒くさいからなのでしょう。私も五十七歳です。広告代理店の部長クラスなら四十四、五歳が一般的で、私より一回りは下です。「自分はいつも専務クラスと高い店で飯を食っている仲なのに、何で今更そんなことをする必要があるのか」という考えもあるでしょう。人間は偉くなると天狗になってしまうからです。だからサラリーマン社長では、こんなことをする人はまず、いないのでしょう。

私がまた〇九年十一月から現場に出ていると、現場の人からは非常に喜んでもらえます。お客様からは「悪いですねえ」と言われます。どちらがお客様からわからないほど恐縮されてしまいます。

私自身はこうして現場に出ることは全く、苦にはなりません。仕事のためになるだけでも良いことだと思っています。「よくそこまでやりますね、大変ですね」と言われる方もたまにいられますが、自分自身は大変だとも感じていません。

どこかで食事はしなくてはいけないのだから、お客様のところで夕飯の時間を一緒に過ごせるのであれば、それに越したことはありません。必要ならばやる、ということでやっていますから、無理してやったり、気負ってやっているとは全く思っていません。ごく自然なことだと思っているのです。

当社の社員から「自分の担当している若いお客様に会って下さい」と頼まれれば、そこにも同席しています。若い人に対して少し話などをしてあげます。そうすると当社の社員からはとても喜ばれます。

社員としてみれば、自分から頼んでおいて申し訳ないと感じるのでしょう。そう言ってきますが、私は「申し訳ないと思わなくていい」と言います。実際に嫌だとか大変だとは全く感じていないからです。もちろん寒空の下で一緒に弁当を食べましょう、と言われたらそれは躊躇しますが、そうではないのですから。

私は必要ならばやる、ということでやっています。頼んできた社員やお客様のほうが申し訳ないという気持ちになるのは不思議なことです。これは日本人独特のメンタリティなのだと思います。

上場を機に定期採用を開始

当社は創業以来、言ってみれば、はみ出し者の寄り合い所帯のような会社でした。

テー・オー・ダブリュー本社オフィス内の一コマ

そこで二〇〇〇年の上場を機に、定期採用を始めることにしました。定期採用で入って来た人が今では全社員の八割を超えています。

寄り合い所帯の頃には行くところがなかった人でも、中には辞めていった人も多くなりました。今の役員も、正直に言って全員がそういう寄り合い所帯の頃の人間です。だから二〇〇〇年から入ってきた人たちとは違っています。二〇〇〇年から入ってきた人は、上場企業に入ってきたわけです。七、八千人の応募の中から十五人ぐらいを選ぶのですから相当に優秀です。

ネットで広告プロモーションで制作

をやっている会社を検索しようとすると、当社ぐらいしか出てきません。ですから広告代理店ではなくて自分で制作したいという人は皆、当社に応募してきます。その中には東大の人もいれば京大の人もいます。その中から毎年約十五人を採用してきて、十年が経ち、全社の八割になったわけです。とても良いことだと思うのは、当社はもう少しで自分が作った会社とは、良い意味で、変わるだろうと思うことです。この人たちが今の当社の土台を支えているのだと思います。

古参社員と新しい社員とのギャップ

もちろん問題点はいくつかあります。二〇〇〇年に新卒で入ってきた人の中で最も古い人はもう社歴が九年になりますから、今三十二、三歳です。何千人もの人を絞って採用していますから、やはり優秀です。その前からいる四十歳前半の古参社員や役員とはレベルが違うと感じます。そこでギャップが生じているように思います。そのギャップを埋めていくのは私の仕事だと考えています。そのギャップを埋めるためには、上の人間を教育し、下の人間も教育していくことだと思います。

上場したことで優秀な人材が集まり、それなりの会社となって、社員自らが誇れるような会社になりつつあることは、会社を続けてきたからこそできる創業者冥利に尽きることだと思います。プロモーション業界のトップにつき、業界全体の中での発言力も徐々に高めていくことができました。これもやはり会社を続けてきたからこそのことだと思いますし、これからも続けていかなくてはいけないと思うところです。

成長していない会社には古参社員と新しい社員とのギャップの問題はないだろうと思います。古参のダメ社員ばかりでは、成長しない会社です。ところが会社が成長するときには必ず、この問題はどこの会社にも出てくることだと思います。

会社が成長期に入り、その会社を支えていくには新しい社員が必要になります。そうすると昔からいる少しぼんやりした社員との断層が出来ると思います。

この断層を埋めることもオーナー経営者として力を注ぐべきところだと思います。

そのためには古参社員も生まれ変わらせる。これがとても大事なことだと思います。私よりも若いのですから、生まれ変わるぐらいの勢いで頑張ってもらえれば、二〇〇〇年から入ってきた新しい人にも刺激にもなるし、尊敬されるようになると思います。

会社はまだ発展途上

若い社員に限らず中堅社員にもよく言っているのは、当社は完成されていない会社だということです。大企業はいま前年対比で横ばいとなっているところが多くなっています。電通、博報堂のような大手の広告代理店に限らず、創業から五十年、百年と経過し成熟した日本の大企業は、売上高が微増、微減を行ったり来たりというところが少なくありません。これに対して当社は今でも基本的に右肩上がりで、まだ発展途上の会社だということができます。そのことを社員みんながよく分かっていません。

発展途上とはどういうことか。社員全員が階段を一段ずつ上っていかないと、一個ずつ会社が大きくなっていかないということです。

この階段を上るということはどういうことか。一人ひとりのぼり方は違います。あなたにとっての階段はこうだし、あなたはこうだということ、壁を突き破るにはあなたはこうしなければいけない、ということを各人に言いきかせることが大事です。このことに関しては、私はかなり注力していこうと思っています。

もちろん、今の社長や役員に対しても、次のミッションはこれで、その次はこうなっている、今月はこれをやれ、来月はこれとあれをやれということを厳しく言っています。上に行くほど厳しくなるのです。

社員にも役員にも、共通して言っていることは、完成された会社ではないのだということです。発展途上の会社だということ、発展するのはみんなが発展するのだと言うことです。一緒に階段を上らない人は誰かの足を引っ張ることになるのだということです。これは声を大にして言ってきました。

そういうことを言っていくことで、社員の気持ちが一つになるのだと思います。

最近の若者

いま、安岡正篤先生の本や、京セラの稲盛和夫さんの『人は何のために生きるのか』などの本がよく売れているそうです。

これは、今の世の中、自信をなくしている人がとても多いからなのだと思います。人の生き方を決定するものは何か。それは子どものときの環境が大きいのだと思います。

だから子どもの時には、些細なことでも友だち同士で集まっていろいろな経験をすることは大事なことです。例えば、捨て犬を見つけたら、それを飼って育てることは良いことかどうか、その犬にただえさを与えることは良いことかどうか、というようなことでも、頭がまだ固まっていないときに、みんなで集まって話をすることが大事だと思います。

最近、当社は毎年、十五人から二十人社員を採用しています。入社試験ではテーマを決めて作文を二回書いてもらっています。どれほど当社で働きたいか、広告業界で働きたいか、その熱意がわかった上で、面接をしています。それでも四割ぐらいは辞退者が出ます。というのは、本面接を受けるまでに七日間以上、アルバイトをしてもらい、当社の風土、創業者である私・川村の文化といったようなものを知ってもらっているからです。やはりしんどいと思った人は辞退しますが、それは残す人を四、五十人ぐらいにするように考えているからです。残った四、五十人が三次面接、四次面接へと進みます。最終的に採用された人は、当社の仕事の仕方、例えば、仕事が最優先、従って仕事以外の時間をいつ取れるかははっきりしない、ということを承知の上で入社するので、入社してから自分が思い描いていたこととの落差はあまり感じていないようです。

昔はこうやって会社で働くことは、別に珍しいことではありませんでした。ところが、今の若い人で、そういう働き方をする人は減っています。

だから当社に入社した新入社員は、同級生から日に日に、「お前は異常だ」と言われるようになる、と言います。社会人になって一年を過ぎるとあまり学友とも会わなくなりますが、最初の一年目は「お前の会社はどうか」などと情報交換で会う機会が多いので、それぞれの会社での働き方の違いがわかります。

昔は普通だった働き方が、日本社会全体から失われ、当社の若い社員が回りから異常だと言われる。ここにいまの日本の問題のポイントがあるような気がします。

社内の挨拶

放送業界などでは、スタッフ同士がオフィスですれ違うときによく、昼でも夜でも「おはようございます」と挨拶をしています。昼も夜もないような業界なのでそんな習慣がついてしまったのだと思います。

しかし当社では会社で社員同士がすれ違うときには、朝は「おはようございます」でいいですが、昼過ぎになったら「お疲れさま」と言うように、と注意しています。広告業界でもそのようなところがあり、特に若い人は格好を付けて「おはようございます」と言いたがるところがあるので、そういう習慣に流されないように注意をすることが必要だと思います。

ちゃんと顔を会わせて挨拶をしないのも情けない話です。大手メーカーならともかく、当社などは契約社員を入れても約三百人の会社ですから、みんなお互いの顔を知っているわけです。

お互いにちゃんと挨拶をすれば、上の人も話しかけやすくなります。具体的に、仕事で「この間のあれはどうなった」という話にも繋がるでしょう。

挨拶するのは社会生活を営む上で当然のことですし、さらに話をするきっかけになるので大事なことです。当社には挨拶をしない社員はいません。うるさいのを通り越してみなちゃんと挨拶をするようにしています。

女性社員にはさらに注文をつけています。挨拶をするときは笑顔でするように、ということです。仕事で徹夜をしていても、難しい顔をするなと言っています。お化粧も取れてぼろぼろになっているので可哀想なのですが、下向き加減で「おはようございます」と挨拶をするよりも笑顔で挨拶をするほうが、挨拶をされる方にとっては百倍も効果があるからです。

それに関して「女は愛嬌、男は度胸だ」と言ったら、女性の新入社員から「何ですかそれ」と言われてしまいました。本当に初めて聞く言葉だったそうです。度胸のない男性が最近、多くなっているので、無理もないのかも知れません。

社員みんなに言い続けていることがあります。それは「自分の目標を持ったら、それを持ち続けよう」ということです。

これは社員に言っているのと同時に自分でもそう思って実践していることです。

当社はいま、トップの代替わりをしなければいけない時期にあるので、私自身悩んでいます。

これまで自分で作り上げた会社ですから、自分で一から十までやった方がよほど楽だと思うことが多いからです。やはり今の社長や役員に指示することに遠慮があるのだと思います。しかし自分を慕って付いて来た人ばかりなので、怒りたくても本気で怒ることはできません。

そういう歯がゆい思いがたくさんある中で代替わりをしたので、いっそうのこと全部元に戻したほうが多少は業績も良くなるかもしれないと思ったりします。しかしそれをやったら代替わりにはなりません。

役員会であまり発言するのも、そうすると全員がまた自分の方を見るようになってしまうので、我慢して黙っていなくてはいけないと思っています。代替わりをしながら、いかにこの会社を良くしていくか。さらには会社が隆盛を極めるようにするためにはどうするか。それを今でも自問自答しています。

目標を持ち続け、諦めないでその目標を思い続けていると、若くても年を取っていても、目標に近付いていくことができます。盛和塾に入って稲盛さんから励まされたことの一つです。誰にも負けない努力をしていると言えて、目標をきちんと持っていれば、必ずその目標に近付きます、と。

誰にも負けない努力をしている、と言えるかどうか。これはなかなか難しいところではあります。

では、目標を持たなくなり、努力をやめたらどうなるか。これも稲盛さんが言われ、今でも実感していることがあります。

例えば、今まで五年間かけて、あることをやろうと努力していたとします。これを諦めたときから、その間の努力は何らかの経験にはなったとしても、努力自体は無駄になってしまいます。それが目標に対して諦めなければ、結果が出なくてもまだ目標達成の途上、ということになります。諦めてしまったらそれで終わりです。

そうやって、努力を続けている途上にある、そういう気持ちが大事なのだと思います。今は途上にあると思って自分で自分に言い聞かせると、自分に多少、自信が出てくるものです。「ああ諦めないで、よくここまで来たな」と。

山登りでは、いま六合目だからあと少し頑張れば頂上だといって自分を鼓舞することで頑張ることができると言います。そこで諦めたら、頂上にたどり着くということに関しては六合目まで登ったことが全く無駄になってしまいます。

代替わりをしながら、会社も発展させたい。両方をきちんとできないので歯がゆく思って、自分が手を出すことになると、それはただ自己満足に終わってしまいます。

いま五十七歳ですが、実は、六十二歳で会社を辞めようと思っていましたが、その気持ちはなくなりました。なぜかと言うと、今、会社の社長は二代目になりますが、三代目を育てるのはどうやら二代目の役目ではなく、私の役目だと思うからです。六十二歳まであと五年ですから、五年ではそれは無理だと思います。

二代目の社長が辞めて三代目の社長になり、それからあと二、三年は見ないといけません。それで本当の代替わりになると思います。

私はあまり褒めることはしません。褒めるとすぐ人間は気が緩むと思うからです。

逆に、若手役員に私が何かアドバイスをしたりすると、その役員が泣くことがあります。中には「ありがとうございます」と言って、わざわざ私のところに来て泣きます。一番若い役員は四十歳で、四十四歳、四十六歳、四十八歳の役員がいます。

それだけ今の社長を含めて、役員は一生懸命仕事をしていると思います。自分がそれだけ頑張っているのを上が分かってくれるから感激するのでしょう。

会社のオフィスはガラス張りですから、社員はみな「何だ?」と思っているかも知れません。いい歳をした男が川村さんの前でよく泣いていると。しかし、そういう熱っぽいことが仕事の上では大事なのだと思います。

懐に飛び込む

世代のギャップは当社にもあります。当社の場合、何が難しいかというと、東大を出たような優秀な若い人がいる一方で、役員の中で大学をきちんと卒業している人が少ないことです。大学卒は八人の役員中、四人しかいません。

勉強で頭を使うようなところで勝負をしたら大学を出ていない人は大卒の人にかないません。しかも大学は東大、慶応、早稲田などです。ならば心で勝負しろ、と言っています。格好良く聞こえますが、要は肝っ玉です。お客様に対して肝で勝負したら勝てます。それを売り物にしろと言っています。

理屈をこね回すのが苦手なら、理屈ではなく肝で勝負です。

例えば仕事でトラブルが起きたら、迷惑をかけた先方に最初に頭を下げに行く。どうやってトラブルの理由を考えようかとあれこれ考えるのではなく、放っておかずに誰よりも先にお客様のところに行く。意外とそれをできる人が少ないのです。

これは四十歳ぐらいならばできます。というのは、だいたい組織で問題が起きて怒っている人は五十歳より上の人が多いからです。先方から「どうするつもりか。何か持ってきたのか」と言われ、「とりあえずどうしていいかわからないけれど来ました」と、相手の懐に飛び込んでみる。これは私がそうしてきました。

懐に飛び込むと、人はあまり文句を言いません。何か準備しようと思って一日も経ってから行くと、「お前なにしに来た」「どうするつもりだ」「始末書はどうする」とさんざん言われることになります。

何を置いてもとりあえず、すぐ対応する。「どうしていいかわかりませんがとにかく来ました。どうしたらいいでしょうか」と言っていると、相手は「そうか、一緒に考えよう」となるものです。

普通、ミスを犯すと人は怖いので、なかなかそれができません。これを乗り越えるのは難しいことですが、私もさんざんそれで乗り越えてきました。

ネット企業も足で稼ぐ

日本のネット企業と言えば、まず始めに楽天が誰の頭にも浮かびます。

楽天に出店することが、今やステータスになっています。楽天という一つのブランドを確立しています。しかしそれに胡座《あぐら》をかいていないと思います。

私の本当に子ども時代から知人が、伊勢崎でトウモロコシを作っていて、楽天に出店しています。

なぜ楽天に出店したかと言うと、楽天から営業が来たからだそうです。実際にその場に社員が来て、実物のトウモロコシを見ていったそうです。

ネットモールの売り上げをもっと伸ばしたいと思うなら、全国のおいしいもの、めずらしいものを自分から探しにいく。楽天ほどブランドがあれば待っているだけでも商売はできるのでしょうが、そのブランドに胡座をかいてはいません。

今はいろいろな会社がネットモールに参入していますから、本当に良いものには「うちのモールに出店契約して下さい」という申し出も多いでしょう。だからやはりここでも競争です。

よそのモールでは売っていない、うちのモールでしか手に入らない、というのが競争力に繋がります。だから商品の仕入れは大事で、全国から良いものを掘り起こすことが重要です。そういう地道な営業に力を入れているのが強みで、こういう努力を重ねているからこの企業は強いのだと思います。

イベント・プロモーション業は、会社の規模も小さいということもあるので、一人一人の社員が一〇〇％力を発揮しないと成り立ちません。誰かが力を抜いて「この程度でいいや」と思ったとたんに、会社はおかしくなっていきます。

当社が一年間で発案している企画数は約二千五百本に上ります。このうち全部が全部とは言いませんが、少なくとも八割方はベストを尽くしたということでないと、他社との競争に負けたときに、トップが「次はがんばれよ」とアドバイスできなくなります。ベストを尽くして頑張ったのに負けたとなると、私は心の底から何とかカバーしてやりたいと思います。

最近、良い企画があまり出てこなくなったことを心配しています。社員が、百点のものを出そうが五十点のものを出そうが給料は一緒、と思うようになると、それは企画の質にてきめんに現れ、勝率はがたがたっと下がります。

競合他社は八千から一万社あると言われます。当然会社の規模は様々ですが、競合も力を付けてきていると思います。

しかし、ただトップが社員にベストを尽くせと尻を叩く前に、ベストが尽くせるような環境にすることは大事です。上のものがいくら口で言っても、社員が横を向いてしまったら何にもなりません。

目標ははっきりしている

経営者なら、熱意は誰でも持っています。これは誰でも真似をしようと思えば真似はできます。

社長になるといろいろなところ、例えば株主や取引先、金融機関や従業員などから、いろいろなことを言われます。そのときに、それこそ自分の芯がないと、どのことが正しいのかがわからなくなります。

私はこの会社をどうしたいかということが、はっきりしていました。それが支えになりました。

では、どうしたいのか。私は、この業界がこれまで、今でもそうですが、日陰にあるので、もっと社会に認めてもらいたい、という気持ちがあります。

そのためには、自分の会社が上場して世間に認められなくてはいけない。そう思ってやってきました。

この業界が日陰にある理由は、はっきりしています。日本では大手の広告代理店の存在が大きすぎるからです。われわれのような専門会社の存在はあまり表に出て欲しくないということもあったと思います。

これは多層構造になっている日本の経済の仕組みの中で活動している以上、ある面で仕方がないことだと思っています。しかし、電通や博報堂だけではなく、われわれのような会社があることも、もっと知ってもらいたい。

イベント・プロモーション分野には約八千社がひしめいています。その八千社で4兆円の市場を形成しています。一社当たり5億円ですから、要は、零細企業の集まりです。それでも一つの業界として、世の中に認識してもらわなくてはいけない。そのためにも自分は上場したい。そう思って実際、上場しました。だからこの部分は絶対ブレません。ここがブレたら自分の存在意義はなくなってしまいます。

やっとのことで会社の上場にこぎ着けても、それでも自分の両親でさえ、この会社がどんな仕事をやっているのかも良く分からない、と言います。

では当社の社員のお父さん、お母さんはどうか。地方から出てきたり、東京の家から通っている、大学を出たての若い社員が、家に帰ってくるのが夜の十時、十一時。親から何をやっているのかと聞かれて仕事の説明をしても、何だその仕事はと言われ理解されない。これは業界が認知されていないからです。少なくとも社員が親から「お前の会社は業界のトップじゃないか」と言われるようにしたい。

人口二、三十万人以上の都市で普通にバス停に並んでいるとします。そこで十人並んでいたら少なくとも三人ぐらいの人がプロモーション会社はこんなことをやっている会社だね、と言われるようにしたい。今は十人の人に聞いても誰も知らないと言われます。プロモーションとは何?イベント会社なんてあるのか、という反応です。やはり最低三割の人には知ってほしい。それで漸く「市民権を得た」ということになると思います。

そして、その中で、われわれは常にトップランナーでありたい。

そういう思いが軸となり、自分はこれまで奮起してやってきたのです。

「自立」と「一人では生きていけない」

いま、日本のベンチャー経営者には自立の精神が少なくなってきているように感じます。日本全体に、自立の精神がない人が増えているようです。もちろん、それを持っている人もたくさんいますが、比率が少なくなっているのではないでしょうか。民主党政権の子ども手当などに期待をするのはその現れです。

今は辛抱してみんなで張ろう、という意識を持たせることの方が大事だと思います。

人間はタダでもらえるとなるとそれに慣れてしまいますから、今度、それを取り上げられるときの方が怖い。

だから人に甘えない、頼らない姿勢を同時に育てていかないと大変なことになると思います。

これは啓蒙、教育の問題になると思いますが、国がそういう啓蒙作業をしていないのはとてもまずいと思います。

一方で、われわれが子どもの頃に比べて、自分一人で生きている、と思っている若い人が多くなったようにも感じます。これは恐ろしいことです。

さすがに経営者になると、いくら若くてワンマンでも、会社経営は社員がいてこそできるものですから、そこは心得ている人は多いと思いますが、それでもそういう考えの人がいないわけではありません。

私はよく、グアムに行くので、一年に一回ぐらい台風にぶち当たることがありま す。そうすると何もやることがないので、ショッピングセンターで展示している小中学生が描いた絵の展覧をよく観ています。

日本人はあまり行かないので知られていませんが、小学校一年生から中学三年生ぐらいの子どもが描いた絵を一年中展示していて、テーマは「将来何になりたいか」。子どもはだいたい兵士の絵と一緒に拙い英語で「軍人になりたい」と書いています。そういう絵が二割ぐらいはあります。

もちろんグアムには米軍の基地があり、家族に兵士がいることもあるでしょうが、良い悪いは別として、これは教育の影響が大きいのだと思います。

米国人は子どもでも、国のために働きたい、ということを普通に言います。米国は個人主義と言われる割にはそういう面があります。日本は逆に個人主義がないと言われながら個人主義の国になってしまいました。

子どものときの教育、特に親の教育の問題が大きいと思います。

フォローの風をつかむ

商売の流れをじっくり考えていけば、必ず、そこにビジネスのヒントがあります。

これは私が社内で良く言っていることです。

どのように人が動くか、今の広告業界がどうなっているか、落ち着いてじっくり考えれば企画のタネはすぐに見えてきます。

例えばある自動車メーカーです。景気が悪いので国内で車が売れない。莫大な広告宣伝予算も削減する。でも全国で行う試乗会は一回2～3億円も掛かるのに続けています。

日本の車の系列販売店（ディーラー）はバブルが崩壊する九〇年初め頃まで土日は休みでした。製造業中心できた日本は、サービス業の対応が遅れました。いま若者が車離れしていると言われる中で、車を買う一般のお客様が販売店を何カ所も回らずに効率的に新しい車のことを知ってもらうにはどうしたらいいか。そうして試乗会という発想が自然と出てきたのです。

ＢｔｏＣの商売をやっている企業は、お客様にとにかく商品を売らなくてはいけません。しかし世の中が不景気になり、多くの会社が、会社全体のコストの見直しをしています。社員の給与から、就業規則、福利厚生についてもそうです。その中で当然、商品を売るための宣伝・広告費コストも見直しにかかっています。

それに併せて、漸く、大手の広告代理店も組織の見直しなどに手をつけていますが、そのスピードはクライアントであるお客様の企業のほうが断然速いのです。日本の経営者はやはり優秀なので、そういうことはとても速いと思います。

そうした世の中の流れの中で、プロモーションの業界にも逆風が吹いています。

多くの企業にとって逆風の時代が続いています。

しかし、逆風が吹く中でも、フォローのつかみ方はわかっています。社員全員がこのフォローをつかむ能力があるかどうかが大事になります。当社はどうかというと、ここは大きなクエスチョンです。

一人でも多くの社員がフォローの風をつかめるようになって欲しいと思っています。

川村　治（かわむら・おさむ）

かわむら・おさむ
1952年（昭和27年）８月生まれ。76年慶應義塾大学経済学部卒。76年７月テー・オー・ダブリューを設立、社長に就任。テー・オー・ダブリューの社名は「トップ・オブ・ザ・ワールド」の頭文字から付けた。89年株式会社に改組。2000年ジャスダック上場。08年東証１部に上場。09年７月会長に就任。

購買者をその気にさせるイベント・プロデュースの発想
川村治の「半歩先を行く！」

2010年６月24日　第１版第１刷発行

著者　川村　治

発行者　村田博文
発行所　株式会社財界研究所
［住所］〒100-0014東京都千代田区永田町2-14-3赤坂東急ビル11階
［電話］03-3581-6771
［ファクス］03-3581-6777
［URL］http://www.zaikai.jp/

印刷・製本　凸版印刷株式会社

ISBN 978-4-87932-070-4
定価はカバーに印刷してあります。